Biohacking

El camino para reprogramar
cuerpo y mente

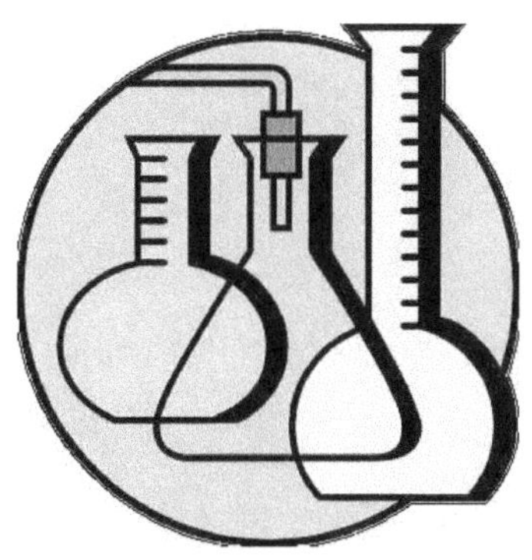

Elisabeth S. Fergunson
Ediciones Afrodita

Capítulo 1
¿Qué es el biohacking?

El bio-hacking tiene como objetivo desarrollar nuevas habilidades combinando tecnología médica y tecnología electrónica e incrustando instrumentos en el cuerpo. Como se describirá más adelante, su propósito es expandir las posibilidades del ser humano, y parece que hasta ahora son para actualizar la imagen humana.

Por ejemplo, existen los siguientes casos. En 2017, un hombre que vivía en Sídney intentó incrustarse un chip de una tarjeta opal de tarjeta IC de transporte (SUICA o ICOCA en Japón) en su mano y usarla para abordar un tren. El hombre, que en ese momento fue detenido por un trabajador del ferrocarril, fue multado por no tener un boleto válido y fue declarado culpable en el juicio. El hombre era un biohacker (un practicante de biohacking) que se hacía llamar "cyborg".

Lo importante aquí es que el hombre no intentaba cometer viajes no pagados = fraude. Estaba tratando de cargar el chip que tenía incrustado en la mano y viajar con la tarifa normal, tal como lo haríamos con una tarjeta IC. El cargo en este momento fue que violó los términos de uso de que la tarjeta de la compañía ferroviaria no debe modificarse o procesarse intencionalmente.

El motivo de la violación de los Términos de servicio por parte de la compañía ferroviaria es ciertamente correcto, pero el trasfondo del problema parece ser la confusión de que no anticipó tal situación. "La ley no está al día con la tecnología", dijo el hombre.

Ciertamente, si incrusta un chip en su cuerpo en lugar de usar un pago por teléfono inteligente, puede hacer todo con las manos vacías. Del mismo modo, se intenta simplificar el procedimiento de autenticación incrustando un chip en lugar de una tarjeta de identificación de empleado en las manos de los empleados. De cualquier manera, es técnicamente posible, ya sea que se haga o no.

Regulación o derechos

Como se mencionó anteriormente, la piratería biológica es peligrosa y ha sido criticada por el personal médico. Algunos lectores pueden pensar que es peligroso y debería estar completamente regulado. Pero no importa cuán regulado esté, se espera que algunas personas continúen haciéndolo, siempre que tengan la tecnología. Y si una cierta cantidad de tratamientos tiene éxito, algunas personas participarán incluso si se saltan el problema de los efectos secundarios.

Se requieren regulaciones y pautas apropiadas por parte de expertos sobre este tema. A continuación, me gustaría presentar algunos problemas al considerar la relación entre la regulación y los derechos en el biohacking.

Primero está la relación entre el biohacking y la atención médica. Ya existen formas de implantar dispositivos electrónicos en el cuerpo como práctica médica. Sin embargo, la finalidad de la práctica médica es "recuperar las funciones perdidas". Por ejemplo, la epilepsia y la enfermedad de Parkinson pueden tratarse mediante el envío de señales eléctricas desde electrodos incrustados en el cerebro para aliviar los síntomas, o mediante el uso de una prótesis eléctrica. Por otro lado, el bio-hacking tiene el aspecto de "fortalecer aún más la capacidad".

A continuación, la pretensión del biohacker de fortalecer su capacidad puede llamarse "el derecho a manipular su cuerpo". Mientras no moleste a los demás, ¿qué tiene de malo meterse con su propio cuerpo?

En los Estados Unidos, existe un concepto llamado "Derecho a reparar" en el que intenta reparar sus propios electrodomésticos y automóviles. Por ejemplo, en Estados Unidos, que tiene una gran superficie terrestre, una vez que se solicita la reparación de un iPhone, se tarda mucho en devolverlo. Luego repáralo tú mismo, o al menos haz que Apple publique un manual de reparación y pídele a un reparador privado que lo use. Por otro lado, los fabricantes los rechazan con el fin de evitar la fuga de información técnica o porque las reparaciones realizadas por aficionados son peligrosas. Sin embargo, también hay un movimiento para buscar el derecho a reparar efectivamente, y también hay un movimiento hacia la legislación.

Además del "derecho a reparar", también existe un concepto llamado "Libertad para jugar", especialmente en el área de la tecnología de la información (TI). No entraré en detalles, pero la idea es que la libre manipulación de las máquinas, como el desmontaje, promoverá la innovación tecnológica. Al igual que con el derecho a reparar, también hay oposición por parte de la empresa, pero en todo caso, está en condiciones de afirmar la libre práctica.

Por supuesto, si un automóvil reparado por un individuo provoca un accidente en la carretera, involucrará a otros. Incluso si asume la responsabilidad por sí mismo, es difícil predecir qué tipo de impacto social tendrá la manipulación de los genes por biohacking.

Biohacking y "Posthumano"

Hasta ahora, hemos analizado las cuestiones de las acciones de mejora positivas, como el derecho a reparar y la libertad de manipulación. Además de eso, ¿qué buscan los biohackers y cuáles son sus problemas? Finalmente, me gustaría profundizar en mi consideración.

En mi opinión, los biohackers parecen tener la intención de renovar su imagen humana "expandiendo" el potencial humano. Como se señaló en estas páginas, las empresas de TI están tratando de adquirir habilidades de tipo telepático mediante la implantación de electrodos en el cerebro, y las actividades de los biohackers también están por delante de la etapa terapéutica actual que parece suponer "seres humanos mejorados".

Hoy en día, representado por las palabras "posthumano" y "transhumano", hay discusiones sobre la expansión de la capacidad humana y las nuevas imágenes humanas. Sin embargo, hasta hace apenas una década, era natural que incluso el mismo humano tuviera esclavos, pero en el humanismo actual, los esclavos no deberían existir. El debate sobre lo humano está en constante cambio.

Suponiendo que los biohackers apuesten por el potencial de los futuros humanos evolucionados, sus afirmaciones son comprensibles hasta cierto punto. Sin embargo, además de las preocupaciones planteadas en este libro, el debate sobre qué es "humano" se está calentando. Sienten que la imagen humana de la que se habla en oposición binaria, como humanos y no humanos, está llegando al límite, ya que aparecen usuarios que reconocen los derechos a la inteligencia artificial y usuarios que sienten a los robots mascotas como una familia. Si es así, las actividades de los biohackers parecen preguntarnos: "¿Qué es un ser humano?" Hay una gran pregunta sobre los seres humanos en el trasfondo del bio-hacking, y me gustaría seguir pensando en este punto a lo largo de este libro.

¿Qué pretende lograr un biohacker?

El bio-hacking busca optimizar el rendimiento del cuerpo, la mente y el cerebro al cambiar intencionalmente el entorno de uno. Los bio-hackers que trabajan en bio-hacking llevarán sus cuerpos y mentes a un mejor estado por sí mismos desde el punto de vista de sus propios datos corporales y ciencia. Hasta el día de hoy, se han anunciado una serie de nuevos e innovadores métodos de biohacking. En los últimos años, poco a poco se ha popularizado en Estados Unidos y se ha convertido en un fenómeno social. La característica es que se basa en literatura científica, etc., y tiene muchos seguidores en la capa intelectual como Silicon Valley y Nueva York en Estados Unidos.

Dave Asprey, el autor de "Silicon Valley Style The Strongest Meal to Change Yourself", es famoso como uno de los biohackers líderes en los Estados Unidos, y fue este libro el que comenzó a usar el término "biohacking" en Japón. Usemos este libro como referencia para desatar gradualmente la cadena de "bio-piratería".

-"Estilo Silicon Valley, la comida más fuerte que te cambia"-
Este libro presenta una nueva dieta y estilo de vida ideados por el autor Dave Asprey mientras monitorea su cuerpo y mente con referencia a la literatura científica. Se promocionan los "varios efectos" que resultan de la fusión de la última tecnología, ciencia, biología y psicología. Desde la perspectiva del bio-hacking, buscamos cómo mejorar el rendimiento físico, mental y cerebral, no solo para perder peso, que es fundamentalmente diferente de los libros de dieta convencionales y se ha convertido en un éxito de ventas en todo el mundo.

El biohacking a menudo también se conoce como un aumento legal en el rendimiento y también se está volviendo cada vez más popular en los deportes competitivos o el espíritu empresarial.

Los biohackers miran profundamente en sus propios sistemas corporales y tratan de influir en ellos positivamente. Utilizan la autoconciencia o sistemas tecnológicos para recopilar información y verificar la eficacia.

Contrariamente a la creencia popular, los biohackers no son replicantes (máquinas artificiales y de bioingeniería), sino que utilizan principios naturales y nuevas tecnologías para imitarlos

De hecho, probablemente ya conozca algunos biohacks que quizás ya esté usando inconscientemente. Algunos ejemplos simples son:

• El café como estimulante para aumentar el rendimiento
• Música para aumentar la concentración o la motivación.
• Nootrópicos Suplementos de hierbas (p. ej., ashwagandha, valeriana, brahmi) para mejorar el sueño o la concentración
• Optimización de nutrientes: uso de suplementos dietéticos o alimentos con una densidad de nutrientes particularmente alta.
• Exámenes de sangre para controlar su propia salud
• Los biohackers utilizan muchos métodos de las áreas de nutrición, ejercicio, relajación, naturaleza (frío, luz, puesta a tierra) y métodos antiguos de curación. Al hacerlo, reflexionan conscientemente sobre los efectos de sus trucos en sus propios sistemas corporales.

¿Cuáles son las ventajas del biohacking?

Dado que la atención se centra en la autooptimización de uno mismo, los efectos principales se pueden lograr sobre todo para la propia salud. Esto se traduce en ventajas en muchas otras áreas de la vida:

- Proporciona más energía en la vida
- Aumenta la autoconciencia
- Toma la salud en sus propias manos
- Fortalecimiento de la resistencia física y mental (resiliencia)
- Reducción y eliminación de enfermedades.
- Aumento de la productividad y la concentración.
- Uso de principios naturales para mejorar la vida.
- Lograr objetivos individuales (perder peso, ponerse en forma, etc.)
- Meditación. Los biohacks no siempre tienen que ser espectaculares. Los "viejos métodos" son igual de efectivos.

¿Es peligroso el biohacking?

En principio, el biohacking es inofensivo.

La gente siempre ha tratado de mejorarse a sí misma. El uso de sustancias vegetales, técnicas meditativas, música o formas de movimiento ha formado parte del comportamiento humano desde tiempos inmemoriales.

Cualquiera que siga los principios naturales y tenga una autopercepción saludable definitivamente se beneficiará del biohacking.

Por supuesto, los autoexperimentos también pueden ser peligrosos si se los llevas al extremo. Por lo tanto, los métodos avanzados de biohacking solo deben llevarse a cabo con expertos.

El día a día de un biohacker

Para tener una idea más clara del biohacking, me gustaría dar algunos ejemplos de la vida cotidiana de un biohacker.

Usando la rutina diaria como ejemplo, se puede ver la sinergia entre el uso de principios naturales y ayudas técnicas.

(La siguiente imagen es un poco exagerada, pero muestra bien lo que muchos probablemente esperan del biohacking).

07:00 a. m.: un buen y reparador sueño es de particular importancia para un biohacker. Después de despertarse, se pueden incorporar muchos trucos a la rutina de la mañana. Estos incluyen, por ejemplo:
•	Uso de la luz para despertar (luz solar, lámpara de día)
•	Duchas frías para activar el metabolismo.
•	Meditación o técnicas de respiración.
•	Beber un café a prueba de balas (café con mantequilla de pradera y aceite MCT)
•	Micro entrenamiento, por ejemplo, entrenamiento Tabata hasta las 11:00 a.m.: El ayuno intermitente se usa muy a menudo para aumentar el propio rendimiento. Por lo tanto, se desperdicia poca energía en la digestión, el azúcar en la sangre se

mantiene estable, por lo que la concentración es alta. Sin embargo, el café a prueba de balas o las cetonas exógenas pueden usarse para un suministro intermedio de energía.

12:30 p. m.: se puede usar otra caminata rápida o microejercicio antes de la comida. Esto activa de nuevo el metabolismo celular para canalizar la energía de los alimentos directamente a las células. Al mismo tiempo, también se puede monitorear la reacción de los niveles de azúcar en la sangre a la comida.

14:00 h: una siesta energética de 10 a 20 minutos garantiza una regeneración rápida y aporta nueva energía para el día.

17:00 horas: después del trabajo, es importante restablecer el equilibrio interior, por ejemplo, pasando tiempo en la naturaleza. Caminar descalzo por el campo contribuye a la toma de tierra y sirve como antioxidante natural, además de reducir el estrés. Los ejercicios de respiración, como la respiración de caja, también sirven para activar y reducir el estrés.
19:00 h: Para la cena se utilizan alimentos especialmente nutritivos, entre los que se incluyen, por ejemplo: verduras, bayas, brotes, jengibre, especias, carne de animales alimentados con pasto, hígado o caldo de huesos.

A partir de las 20:00 horas se trata de dejar que el cuerpo se vaya calmando poco a poco.

22:00h: Antes de conciliar el sueño se utilizan complementos alimenticios como los sleep stacks (mezcla de melatonina, vitaminas del grupo B y L-triptófano) o sustancias vegetales como el aceite de CBD o la valeriana. Los difusores de aromas con aceites esenciales (por ejemplo, aceite de pino piñonero o lavanda) también se utilizan para dormir mejor.

A partir de las 22:30 h: La higiene del sueño juega un papel importante. La oscuridad y el silencio al 100% aumentan la calidad del sueño y se pueden lograr con máscaras para dormir y tapones para los oídos si es necesario. El WiFi se apagará, al igual que todos los dispositivos eléctricos y las luces del dormitorio.

Hay muchos conceptos que se pueden aplicar al biohacking. No todos estos parecen atractivos o "geniales" para todos, pero aquellos que exploran estas opciones generalmente están satisfechos con los resultados. Las opciones para explorar incluyen economía nutricional, molinillos y biología de bricolaje (El bricolaje (del francés bricolage) es la actividad manual que realiza una persona como aficionada, sin recurrir a los servicios de un profesional, para la creación, mejora, mantenimiento o reparación, en especialidades como albañilería, carpintería, electricidad, fontanería, etc. Este movimiento surgió en Inglaterra en los años 50 y rápidamente se extendió luego por todo el continente europeo, y de allí a otros lugares y a otras culturas). Todos estos conceptos vienen con sus propios riesgos y pueden tener beneficios si se realizan de manera correcta y segura.

La opción más fácil de entender es la economía nutricional. Todo se reduce a observar cómo interactúa el alimento consumido con los genes del huésped. Aunque algo controvertida, esta es un área interesante de investigación. Descubrir cómo los nutrientes afectan nuestros sentidos, estado de ánimo e incluso comportamiento produce información increíblemente valiosa.

En lo que respecta a la biología de bricolaje, no es algo que la persona promedio pruebe en la calle. En cambio, los expertos científicos brindarán consejos y técnicas para experimentos individuales. Esta es otra subcultura que ha ganado popularidad entre la multitud de biohacking en estos días.

¿Es esto seguro?

La manipulación del cuerpo humano siempre acarrea un riesgo. Algunas de estas opciones son mucho menos dañinas que otras. Las consecuencias pueden ser pequeñas o fatales, o estar en algún punto intermedio. El biohacking no es algo que deba tomarse a la ligera, especialmente si las personas no tienen mucho conocimiento sobre estas prácticas.

Especialmente al elegir un método de molinillo, se recomienda precaución. Nadie sabe las consecuencias a largo plazo del cuerpo cambiando su estado natural. Siempre que se intente la invasión biológica bajo su propio riesgo, no se debe dudar en consultar a un experto en estos temas.

Resumiendo

¿Quién no sueña con la hora 25 del día? ¿Quién no quiere estar siempre "de humor"? ¿Sentir una oleada de fuerza y energía, levantarse fácilmente por la mañana y no caerse por la noche? ¿Tener suficiente energía para todos los planes y tareas?

En un intento por encontrar un "remedio milagroso" de este tipo, la humanidad se ha enfrentado a muchos obstáculos, pero fue esta experiencia la que formó la base de una nueva dirección biomédica: el biohacking.

El biohacking, en esencia, es el manejo del cuerpo, destinado a sacar el máximo partido con el mínimo esfuerzo. Suena tentador y, por desgracia, hay "trampas" en esto.

Una "estrategia" efectiva de biogestión solo puede ser elaborada por un especialista experimentado, mientras que la absorción irreflexiva de vitaminas y suplementos dietéticos, los saltos de una dieta "equilibrada" a otra y otros experimentos en uno mismo, la mayoría de las veces solo empeoran las cosas.

Se trata de características individuales, que no se pueden tener en cuenta en las recomendaciones "generales", pero se pueden "bombear" con un enfoque competente.

Capítulo 2
Principios del biohacking

Cada vez hay más formas de alargar la vida: la gente ha ideado la terapia con medicamentos, el reemplazo de órganos, la clonación e incluso la criopreservación. Pero recientemente, apareció un nuevo método que atrae a aquellos que están dispuestos a gastar cientos de miles de dólares en su salud: el biohacking.

Como lo hemos citado, el biohacking es un conjunto de acciones encaminadas a mejorar la calidad y duración de la vida humana. A menudo incluye corrección nutricional, entrenamiento y meditación, toma de medicamentos especiales y entrenamiento psicológico.

Hoy en día es un concepto relativamente nuevo y moderno de un estilo de vida saludable. Y las personas que lo practican se llaman biohackers. Pero si un estilo de vida saludable en el sentido amplio de la palabra implica seguir reglas simples: no comer alimentos dulces, con almidón, alimentos grasos, moverse más, entonces en biohacking el enfoque es más serio. Todas las acciones para mejorar la vida son construidas por biohackers sobre la base de análisis y pruebas médicas: realizando pruebas, comenzaron el "tratamiento", volvieron a realizar las pruebas, corrigieron el "tratamiento", etc.

De este enfoque complejo, se pueden extraer varios principios básicos de biohacking:

Nutrición: De acuerdo con este principio, un biohacker debe excluir la comida chatarra de su menú diario: demasiado grasosa, demasiado dulce, demasiado salada. Se debe dar preferencia a los alimentos con un índice glucémico bajo y, por supuesto, se deben excluir los alimentos que causan intolerancia.

Chequeo de hormonas: Una de las pruebas más importantes que debe pasar un biohacker es una verificación de antecedentes hormonales. Él indicará qué falta exactamente para un equilibrio completo. Esta prueba influye en otros principios del biohacking.

Actividad física: Según este principio, lo mejor para un biohacker es acudir a un entrenador experimentado para que le elabore un plan de entrenamiento y actividad física en general. Si una persona tiene un trabajo predominantemente sedentario, un entrenador puede recomendar caminar a la hora del almuerzo y entrenamiento de fuerza por la noche.

Genética: Otra prueba que revela una tendencia a ciertas enfermedades. A menudo, en esta prueba, debe indicar de qué estaban enfermos exactamente sus familiares, desde varicela hasta cáncer. Esto afectará la elección de las drogas.

Farmacología: De acuerdo con los análisis de sangre y las pruebas genéticas, se seleccionan los medicamentos que deberían mejorar la calidad de vida del biohacker. Estos pueden ser tanto complejos vitamínicos y aceite de pescado, como preparados especiales: extracto de té verde u orujo de semilla de uva (antioxidantes naturales).

Procedimientos cosméticos: Los medicamentos, aunque afectan la apariencia, no son suficientes para los propósitos del biohacking. Para mejorar su atractivo externo, los biohackers se someten a un curso de procedimientos cosméticos: para una apariencia saludable de la piel, las uñas y el cabello.

Actividad cerebral: Este principio de biohacking incluye tanto tomar medicamentos especiales que mejoran la función cerebral (como la glicina) como el entrenamiento diario. Puede ser simple lectura, resolución de problemas matemáticos e incluso meditación.

Condición psicológica: Aquí todo es simple: los biohackers intentan evitar situaciones estresantes, y si esto sucede, se les muestra una cita con un psicólogo.

¿Hay algún ejemplo?

Uno de los biohackers más populares en Rusia es Sergey Fage, el fundador de Ostrovok ru. Escribió un artículo detallado sobre lo que hizo exactamente y por qué. En general, todo es estándar: Sergey se propuso extender su vida saludable tanto como sea posible. Pasó 5 años y más de $200,000 para mejorarse a sí mismo.

Según él, ajustó el sueño, el entrenamiento y las comidas. Pasó cientos de pruebas, tomó muchos medicamentos y consultó con especialistas médicos calificados.

De los resultados objetivos de Sergei Faguet: la grasa corporal disminuyó del 26 % al 10 %, el consumo máximo de oxígeno aumentó al 70 % y la testosterona libre aumentó en un 81 %. Según el propio Sergey, se ha vuelto más feliz, más enérgico y más inteligente.

Cambio de genes

Otro conocido biohacker es Josiah Zeiner, ex empleado de la NASA. A finales de 2017, introdujo un retrovirus en su brazo que, como estaba previsto, debía insertar un gen superpoderoso en su ADN. Los primeros resultados, según el biohacker, deberían aparecer dentro de 6-8 meses: después de la "cirugía", la masa muscular de su cuerpo debería aumentar, gracias a lo cual Josiah se volverá mucho más fuerte físicamente.

Sin embargo, los médicos no comparten sus esperanzas: argumentan que lo único con lo que debe contar es con una inflamación grave.

Mano artilugio

Un médico de Novosibirsk tomó un camino diferente: no cambió su ADN, sino que se convirtió en parte en un cyborg. Alexander Volchek implantó chips especiales en su mano, que ahora reemplazan su pase de trabajo y otras tarjetas de acceso.

Chip: un núcleo de ferrita con un microchip de 2 × 12 mm o 1,5 × 8 mm de tamaño, empaquetado en vidrio biológicamente inerte. Puede contener hasta 1 Kb de información, que es suficiente para tareas sencillas. El chip se inyecta en la mano con una jeringa especial.

¿Vale la pena biohackear?

La mayoría de los enfoques de biohacking pueden encajar en un estilo de vida saludable simple y en el autocontrol diario. Aquí, como en todo lo demás, se debe conocer la medida: si se está dispuesto a gastar mucho dinero y esfuerzo en un enfoque competente para mejorar la calidad de vida, no hay problema. Pero el diablo está en los detalles: no se puede copiar el enfoque de otra persona. Cada persona es única, y un programa para mejorar la salud debe seleccionarse individualmente.

¿Cómo nació el biohackeo?

Los orígenes del movimiento se originaron a fines de la década de 1980 en los Estados Unidos; entonces se llamó biología de bricolaje (biología casera). Los jóvenes científicos buscaron ir más allá de la investigación conservadora en las universidades. A ellos se unieron a menudo los seguidores del transhumanismo, una filosofía según la cual una persona puede mejorar radicalmente sus habilidades físicas y mentales con la ayuda de la tecnología. Entonces, en los laboratorios domésticos, nació el biohacking. Los investigadores progresistas ya creían que la tecnología haría que la humanidad fuera más sana y productiva.

Hoy en día, el biohacking se discute no solo en el contexto de la medicina o directamente de la biología, sino también en el arte, el deporte, la ciencia de datos y la futurología.

¿Cuál es la diferencia fundamental entre el biohacking moderno, del que los inversores en medios y tecnología han comenzado a hablar solo desde la década de 2010, y el conocido estilo de vida saludable (healthy lifestyle)? Los expertos en la materia coinciden en opinión unánime.

Las prácticas de estilo de vida saludables son útiles para todos, son universales y casi completamente seguras, si no se tienen en cuenta las posibles lesiones incluso en los deportes de aficionados.

El biohacking se recomienda solo para aquellos que están listos para comprender meticulosamente los indicadores de su cuerpo, hacerse pruebas regularmente y seguir todas las recomendaciones médicas.

A menudo, los médicos se niegan a recetar un medicamento cuando el daño potencial es mayor que los beneficios. Yulia Tkachenko, médica general y jefa del Departamento de Desarrollo de Medicina de BestDoctor, cita tomar antidepresivos como ejemplo. En la medicina basada en la evidencia, se prescriben estrictamente según indicaciones: en presencia de trastornos depresivos o de ansiedad. Y los biohackers, dice Tkachenko, a menudo toman antidepresivos para aumentar su eficiencia y hacer más que la gente "común".

Stanislav Skakun, fundador de Biodata, ve el biohacking como un complemento a las prácticas de un estilo de vida saludable. Por ejemplo, se puede entrenar para un maratón de forma clásica, o se puede recurrir a suplementos bioquímicos o medicina deportiva para mostrar los mejores resultados. "El biohacking no reemplazará un estilo de vida saludable si se está acostado en el sofá. Pero el biohacking será una adición efectiva si ya está cuidando su salud de manera regular".

Artem Vasiliev, fundador del Biohacking Laboratory, divide el biohacking en "conservador" y "progresista".

El primer enfoque utiliza métodos largamente estudiados con poco riesgo. Estos incluyen dietas prescritas por médicos, tomar aditivos biológicamente activos (BAA), practicar deportes para el entrenamiento personal, todo lo que se puede atribuir a un estilo de vida saludable avanzado.

Y el biohacking "progresivo" incluye medidas más radicales: editar el genoma, implantar chips en el cuerpo para almacenar información o congelamiento criogénico. Dichos formatos todavía están asociados con altos riesgos. Pero si su eficacia y seguridad se prueban en el futuro, entonces la humanidad podrá extender significativamente la esperanza de vida y la actividad promedio incluso después de 70-80 años.

El principio de Pareto funciona en el cuidado de la extensión de la vida. (El principio de Pareto, también conocido como la regla del 80-20 y ley de los pocos vitales, describe el fenómeno estadístico por el que en cualquier población que contribuye a un efecto común, es una proporción pequeña la que contribuye a la mayor parte del efecto). El estilo de vida saludable hace frente a esta tarea en un 80%. Si hace ejercicio regularmente y deja de fumar, vivirá de 10 a 15 años más: no 65 años, sino unos 80. Los hábitos saludables no le cuestan casi nada, no requieren un conocimiento profundo en biología: este es el 20% del esfuerzo invertido. Pero para vivir hasta los 100 años, debes poner el 80% del esfuerzo y caminar el 20% del camino.

En el mercado

Gero es una aplicación para evaluar la edad biológica y aprender nuevos hábitos que prolongan la vida y mejoran la salud (Gero: Bioage & Healthy Lifestyle es una aplicación en la App Store). La empresa también desarrolla medicamentos clínicos para el tratamiento de enfermedades relacionadas con la edad y realiza investigaciones académicas en esta área.

MyGenetics, Genotek, Atlas y Basis Genomic Group son pruebas genéticas que ayudan a optimizar el ejercicio, la dieta y el estilo de vida en general.

Planta, Yodonorm son productos alimenticios funcionales.

Bioniq y Biodata son sistemas personalizados para el seguimiento de marcadores corporales.

"Laboratorio de Biohacking" es un laboratorio deportivo en el que se seleccionan cargas y procedimientos en base a un estudio detallado de los parámetros corporales, incluyendo un análisis de sangre bioquímico y antropométrico, es decir, con la medición de parámetros corporales, pruebas.

En desarrollo:

Brain Beat está desarrollando un glucómetro no invasivo Edvais, previsto para ingresar al mercado. Este sensor de glucosa móvil se puede integrar en un teléfono inteligente o reloj inteligente.

Telebiomet está desarrollando una interfaz neuronal basada en un análogo simplificado de la resonancia magnética: la espectroscopia óptica. La interfaz neuronal con la ayuda de la biorretroalimentación le permite entrenar la concentración y la atención. Ahora la empresa enfoca el producto a la detección temprana de accidentes cerebrovasculares.

Insilico (una subsidiaria de American Insilico Medicine) crea un modelo virtual del cuerpo humano. Esto se hace para desarrollar fármacos más rápidamente y predecir su efecto.

"Laboratorio de la Juventud" entrena algoritmos de visión artificial para determinar la edad biológica de una persona.

Según Stanislav Skakun, la audiencia moderna de biohacking en Rusia tiene decenas de miles de clientes potenciales. Los servicios médicos son cada vez más caros, la población está envejeciendo y la carga sobre el sistema médico está aumentando. Los enfoques tradicionales no harán frente por completo a la protección de la salud, dice el fundador de Biodata. Por lo tanto, se requerirá la participación activa del propio paciente, su deseo de comprender lo que está sucediendo con su cuerpo. La popularización del biohacking en todo el mundo es una consecuencia de estos cambios. La medicina no puede ser completamente preventiva, los médicos en la mayoría de los casos trabajan con un paciente que ya tiene dolor.

Parecería que, si quiere sentirse mejor, necesita ver a un médico. ¿Pero a cuál? Un médico general a menudo diagnostica simplemente la presencia o ausencia de una enfermedad. Resulta que la persona no parece estar enferma, pero se cansa rápidamente. Por lo tanto, la mayor demanda se observa para el control básico. Proporciona información sobre la cual desarrollamos recomendaciones para mejorar la productividad.

El retrato general de un cliente de una empresa de biohacking, según las observaciones de expertos:

Piso. Aproximadamente 50/50 hombres y mujeres. Aunque Vladimir Volobuev aclara que los principales clientes de MyGenetics son mujeres de 40+. En su opinión, son mucho más conscientes que los hombres de la conservación del cuerpo.

Años. De 30 a 55 años. En la cuarta década, una persona comienza a darse cuenta de que no es inmortal, lo que la empuja a cuidar su salud, incluso a prácticas fuera de la medicina tradicional. Aproximadamente hasta los 55 años, las personas están cubiertas por canales de comunicación digital: son usuarios activos de dispositivos. La generación anterior (55-60+) todavía está acostumbrada a la medicina clásica.

Ocupación. Comercializadores, financieros, informáticos, así como empresarios de cualquier ámbito. Los representantes de estas profesiones están acostumbrados a depender principalmente de los datos en su trabajo. No les avergüenza la idea de que el cuerpo es una máquina, cuyo rendimiento puede medirse y corregirse parcialmente.

Relación entre el biohacking y las instituciones públicas

El biohacking suele ser criticado por médicos y científicos, y en los medios de comunicación se pueden ver publicaciones sobre los resultados de experimentos que contradicen la ética científica generalmente aceptada, que han provocado lesiones graves o incluso la muerte.

Por ejemplo, en 2018 se supo que el profesor chino He Jiankui "creó" los primeros bebés modificados genéticamente de la historia. El padre de las niñas estaba infectado con el VIH y, para que las gemelas fueran inmunes al virus, el científico eliminó parte del gen CCR5 de los embriones, a través del cual el virus de la inmunodeficiencia se une a las células. A pesar de que los niños nacieron sanos, colegas de todo el mundo criticaron el experimento de He como inseguro y poco ético. Como resultado, en 2019, el Tribunal de la Ciudad de Shenzhen condenó al científico a tres años de prisión y una multa de tres millones de yuanes.

En la primavera del mismo 2018, se publicó otra lúgubre noticia del mundo del biohacking. El jefe de la empresa estadounidense de biotecnología Ascendance Biomedical, Aaron Treyvik, fue encontrado muerto en una cámara de privación sensorial, un baño salino especial que crea una sensación de "ingravidez", aliviando el estrés y la tensión muscular. La investigación determinó que el empresario se ahogó y en su sangre se encontró la sustancia estupefaciente ketamina. Treivik era conocido por su extravagancia: por ejemplo, en una de las conferencias de biohacking, se quitó públicamente los pantalones y se inyectó una vacuna casera contra el herpes. La eficacia de este fármaco, que fue desarrollado por Ascendance Biomedicalno probado por ninguna investigación científica. El herpes todavía se considera una enfermedad incurable.

La ciencia

Ruslan Altaev dice que ahora es difícil predecir cómo cambiará la actitud de la sociedad hacia el biohacking. "Podría haber un cisne negro biológico, por ejemplo, si una gran cantidad de personas sufren experimentos fallidos de biohacking". Pero si estamos hablando de enfoques más tradicionales para un estilo de vida saludable, entonces bien pueden estar en el área de interés de los centros de investigación. Por ejemplo, el Centro Científico Estatal de la Federación Rusa, el Instituto de Problemas Biomédicos de la Academia Rusa de Ciencias, ha estado realizando investigaciones desde la época soviética que, según Altaev, pueden atribuirse al campo del biohacking. Un ejemplo es el experimento para crear gravedad artificial en la Estación Internacional Espacial. Para que los músculos no se atrofien en condiciones de ingravidez espacial, los astronautas se ven obligados a trabajar duro en simuladores. Vladimir Volobuev también habla sobre la cooperación entre su empresa y los institutos RAS. "Hoy en día, los diabéticos miden regularmente sus niveles de azúcar con un glucómetro. Pero hace 100 años, esto se habría considerado como el pináculo del biohacking. Por lo tanto, no lo opondría a la ciencia.

Stanislav Skakun cree que, con el tiempo, los experimentos de los biohackers con un final trágico serán considerados los errores de los pioneros de la industria. Y el biohacking en sí mismo, incluidos sus enfoques radicales, no sorprenderá a la sociedad. Yuri Deigin, vicepresidente de Science for Life Extension Foundation y director ejecutivo de Youthereum Genetics, también habla sobre la popularización de los enfoques de biohacking. En su opinión, la terapia génica ya se está utilizando para tratar enfermedades congénitas o relacionadas con la edad, como el cáncer y la hemofilia.

La medicina

En Internet, puede ver que los médicos son escépticos sobre el biohacking o incluso se oponen abiertamente.

Según Yulia Tkachenko, por regla general, los médicos no critican a los pacientes que siguen los principios del biohacking. Estamos hablando de los evangelistas del movimiento y los llamados "médicos de Instagram", quienes asumen la responsabilidad de popularizar métodos que no han sido probados por la ciencia.

Desafortunadamente, la autoevaluación imprudente de las técnicas de biohacking puede tener consecuencias. Las más insignificantes son las reacciones alérgicas a los suplementos dietéticos. En mi práctica, a menudo se encuentran erupciones en la piel e hinchazón como respuesta a tomar remedios a base de hierbas y vitaminas. Además, el hígado puede reaccionar a la ingesta descontrolada de suplementos dietéticos. Incluso existe una afección como la hepatitis inducida por medicamentos: esto es daño al hígado por medicamentos.

Un curso prolongado de hepatitis inducida por medicamentos puede eventualmente conducir a cirrosis hepática, explica la experta. Y tomar antidepresivos que no están controlados por un médico amenaza con el síndrome de serotonina, una reacción potencialmente fatal del cuerpo a la liberación de serotonina.

"Algunas dietas también son cuestionables. La más estudiada y más adecuada para mantener la salud es la dieta mediterránea. Implica una dieta equilibrada, que incluye una gran cantidad de fibra y grasas insaturadas. Los médicos generalmente recomiendan este enfoque para problemas cardíacos y para perder peso. Por el contrario, entre los biohackers, los métodos de nutrición desequilibrada son populares, cuando el énfasis está en solo uno de los nutrientes. Por ejemplo, la dieta cetogénica, que se enfoca en alimentos ricos en grasas, ahora está de moda. Su efecto sobre el metabolismo aún no se conoce bien. Hay estudios que indican que las dietas bajas en carbohidratos y altas en grasas reducen el riesgo de enfermedades cardiovasculares y tienen efectos positivos en la función cerebral, incluida la reducción de la frecuencia de ataques epilépticos en humanos.

La locura por la nutrición rica en proteínas hace unos años parecía una parte integral del ejercicio y un estilo de vida saludable. Sin embargo, más tarde resultó que los riñones se ven gravemente afectados por un exceso de proteínas en la dieta. Por lo tanto, el enfoque médico de estas dietas populares es conservador: primero se deben realizar investigaciones, estudiar los posibles riesgos y luego implementar y popularizar el método. La especialista agrega que no es necesario comentar los casos en que los biohackers prueban medicamentos no certificados en sí mismos; esto puede provocar y ya ha provocado muertes.

Inspirándose en publicaciones sobre el desempeño vertiginoso o la "eterna juventud", algunos experimentan sin pensar con su salud y luego llegan al hospital con problemas. Por lo tanto, según el fundador de Biodata, los médicos tienen temores razonables de que, por un biohacker con un enfoque consciente, hay mil personas que se dañan a sí mismas. "He estado biohackeando durante siete años. Y el hecho de que todavía esté vivo dice que soy un gran biohacker".

Iglesia

Históricamente, la relación entre la ciencia, incluidas sus nuevas direcciones, y la religión a menudo se ve ensombrecida por las críticas de esta última. Por ejemplo, la Iglesia Ortodoxa Rusa (ROC) se opone a la fertilización in vitro (FIV) y la subrogación de vientres. La Iglesia ortodoxa rusa también propone imponer una moratoria a la modificación genética humana, ya que "la edición del genoma humano actualiza una serie de problemas bioéticos".

El biohacking, como dirección en medicina y negocios, está asociado con las ideas filosóficas del transhumanismo. De acuerdo con este concepto, la ciencia y la tecnología pueden mejorar significativamente las habilidades, extender la vida por décadas o quizás hacer que una persona sea inmortal. El patriarca Kirill ha criticado repetidamente las ideas del transhumanismo, llamando al concepto "una amenaza para la sociedad y la familia" y "una nueva forma de anticristianismo". El jefe de la Iglesia Ortodoxa Rusa explica esto, entre otras cosas, por el hecho de que las biotecnologías que prolongan la vida durante varias décadas dividirán a la humanidad en dos mitades: en "superhumanos" que pueden pagar mejoras fisiológicas tan costosas, y en sus "subordinados"". "Una de las manifestaciones del problema del cientificismo es el riesgo de deshumanización de la humanidad como consecuencia de la difusión de las ideas del transhumanismo, es decir, "traspasar los límites de lo humano"", predicando alguna mejora cualitativa en la naturaleza física del hombre a través de la ciencia y la tecnología".

A pesar de las críticas, nada humano es ajeno a los representantes del clero. Artem Vasiliev dice que los primates de la Iglesia Ortodoxa Rusa contactaron al Laboratorio de Biohacking para mejorar su bienestar o perder peso. "Son las mismas personas que están sujetas a los principios de la fisiología", añade el empresario.

Según Stanislav Skakun, cuanto más interactúe el biohacking con la medicina, menos será criticado por la iglesia. "En la ortodoxia hay un pecado: el amor a la carne. Se manifiesta cuando una persona está obsesionada con su cuerpo, el cuidado excesivo por él, mientras se olvida de los valores eternos y del alma. Entonces la persona se vuelve narcisista, egocéntrica". Por lo tanto, una persona necesita responder dos preguntas:

• ¿Su interés por el biohacking se ha convertido en una obsesión?
• ¿Estas tecnologías benefician a otras personas?

Si ambas respuestas son positivas, entonces, según el creador de Biodata, el biohacking no contradice los valores religiosos.

Biohacking y coronavirus: ¿cómo afectará la pandemia al desarrollo del mercado?

Los expertos discrepan sobre cómo afectará la crisis del coronavirus en Rusia al desarrollo del mercado del biohacking. Vladimir Volobuev cree que la tendencia hacia un estilo de vida saludable es estable, pero en tiempos de crisis la gente está ocupada satisfaciendo sus necesidades básicas. Los objetivos a largo plazo, incluidas las preocupaciones sobre la extensión de la vida, se desvanecen en el fondo.

Según Artem Vasiliev, ya existen proyectos nacionales en Rusia, en cuyo marco está previsto financiar la investigación en el campo de la edición del ADN y aumentar la esperanza de vida media de la población. Y tras el final de la pandemia, crecerá el número de personas interesadas en su salud. La presencia de enfermedades crónicas aumenta significativamente el riesgo de muerte cuando se infecta con COVID-19, por lo que el control sanitario permitirá que el organismo se vuelva más resistente, incluso a dichos virus. Vasilyev cita un estudio reciente como ejemplo, durante el cual los científicos han identificado una relación entre los niveles de vitamina D y la mortalidad cuando se infecta con COVID-19. Con su deficiencia, la probabilidad de muerte era 19 veces mayor.

Stanislav Skakun no está de acuerdo con las previsiones de sus compañeros. En su opinión, incluso la pandemia de coronavirus no cambiará globalmente la actitud de las personas hacia la salud. Hay millones de años de evolución. Pensamos en lo que pasará mañana, pero no en 20 años.

Consejos para emprendedores

"Es mejor ser rico y saludable que pobre y enfermo". Por lo tanto, las tecnologías que permitan aumentar la productividad, prolongar la longevidad y los años de vida activa no tendrán problemas de demanda y recuperación. La dificultad surge precisamente en la realización de ensayos clínicos que demuestren la seguridad y eficacia de un método o fármaco. Y tales estudios cuestan mucho dinero, pueden durar años y no garantizan un resultado exitoso.

Vladimir Volobuev cree que los buenos proyectos a menudo se forman debido al propio "dolor", necesidades personales. "Piensa en lo que te falta en cuanto a cuidarte o prolongar tu vida", aconseja el empresario.

Si desea iniciar una empresa de biohacking de una forma u otra, los expertos recomiendan prestar atención a los siguientes nichos:

• Medición de marcadores corporales, incluyendo pruebas genéticas. Ahora el movimiento del yo cuantificado está ganando popularidad. Sus seguidores miden y rastrean la dinámica de salud y actividad.

• Personalización de programas de nutrición, entrenamiento deportivo, cuidado de la belleza.

• Mejorar las habilidades cognitivas: concentración, capacidad de respuesta y otras habilidades blandas.

• Las interfaces cerebro-computadora son sistemas que permiten que el cerebro y un dispositivo electrónico intercambien información. Un ejemplo de una dirección es CTRL-Labs, que desarrolla un software que permite a las personas controlar varios dispositivos utilizando impulsos cerebrales. En 2019, Facebook compró la startup, lo que ilustra el creciente interés en el mercado de la neurotecnología.

•   Laboratorios deportivos.

•   Clínicas que diagnostican enfermedades en etapas tempranas y ayudan a prolongar el período de longevidad activa. Los expertos llaman la atención sobre la creciente popularidad de la medicina preventiva.

¿Por qué no han aparecido todavía proyectos similares con tanta demanda?

Los gerontólogos lograron extender la vida de los ratones una vez y media, pero tales terapias no funcionaron en primates o humanos debido a la complejidad de la biología de las criaturas longevas: esta es la primera razón.

La segunda razón, según Deigin, es la falta de investigación fundamental en el campo de la ralentización del envejecimiento. Recién en los últimos 10-15 años ha comenzado a cambiar la actitud de la sociedad hacia el tema. Si antes este proceso se percibía como algo inevitable, hoy la gente entiende que es muy posible mantenerse joven por más tiempo. Debido al hecho de que la tendencia es relativamente nueva, los proyectos antienvejecimiento hasta ahora han carecido de laboratorios y financiamiento en general. Por lo tanto, tan pronto como aparezcan terapias que prolonguen la vida entre 10 y 30 años, los clientes acudirán a ellas por su cuenta: todos quieren mantenerse saludables, enérgicos y hermosos durante el mayor tiempo posible.

Capítulo 3
El biohacking en la práctica

Medicina juvenil, nootrópicos, ojos bioquímicos, tatuajes digitales, percepción magnética, movimiento perpetuo sexual...

Suena ciencia ficción, pero este grupo de personas, los biohackers, los hizo realidad.

El semanario estadounidense "THE WEEK" publicó " ¿Se descifrará el misterio de la longevidad humana?"", en el que un grupo de biohackers de la Facultad de Medicina de Harvard creían que podían acercar a los humanos al secreto de la "inmortalidad" mediante la manipulación de un gen relacionado con el crecimiento de los vasos sanguíneos.

Dados los rápidos avances en la edición de genes, la nanotecnología y la robótica, algunos futuristas esperan que esta generación de biohackers logren duplicar la esperanza de la vida humana, y resuelvan el envejecimiento a modo de cura como cualquier otra enfermedad.

Esta es solo una de las direcciones que están explorando los biohackers.

Creen que usar anteojos, audífonos y prótesis son solo para ayudar a las habilidades normales, y más allá de las limitaciones físicas está el futuro de la humanidad.

Es posible que aún no tenga biohackers a su alrededor, pero como una de las ramas más poderosas y de más rápido crecimiento de todo el espacio tecnológico, estarán haciendo olas en un futuro no muy lejano.

Entonces, ¿qué clase de existencia misteriosa es el biohacking?

"Frankenstein" y "Santo científico"

El llamado biohacker, en términos simples, es usar la tecnología para "hackear" el cuerpo humano y romper las limitaciones del cuerpo.

Una de las subculturas activas más emocionantes de la actualidad, el término "biohacking" apareció en un artículo del Washington Post ya en 1988. Cuando surgió la primera ola de Internet, eran más atrevidos, vanguardistas y tabú que los piratas informáticos, y usaban sus cuerpos para realizar todo tipo de investigación experimental basada en la genética, la biología y la medicina.

En los primeros días, el experimento de biohacking era en realidad equivalente a la actualización de dispositivos portátiles, pero convirtió el "uso externo" en un "implante in vivo" más conveniente.

En ese momento, Kevin Warwick, profesor del Departamento de Cibernética (Cybernetics: The Science of Control and Communication in Animals and Machines) de la Universidad de Reading, se convirtió en la primera persona en experimentar con un implante llamado dispositivo de identificación por radiofrecuencia (RFID). Al principio, podía encender el sistema de iluminación con un chasquido de sus dedos. Luego, implantó más sensores en sus brazos para ampliar las funciones de su cuerpo. Incluso intentó implantar el dispositivo en la palma de la mano de su esposa, para que pudiera sentir a la distancia la sensación de tomar la mano de su esposa. Warwick es pionero en combinar hombre y máquina.

Otro de los biohackers más dramáticos es el ícono del punk DIY Lepht Anonym, quien implantó metal y máquinas en su propia carne sin el apoyo de ninguna institución académica o un equipo de médicos. Anonym afirma que "un pelador de papas y una botella de vodka lo harán todo".

Esterilizó agujas, bisturís o peladores con vodka en su apartamento antes de experimentar. Anonym una vez colocó pequeños imanes y dispositivos electrónicos debajo de la piel, para que pueda sentir la dirección y los cambios del campo magnético en cualquier momento, imagínese, como caminar en la calle mirando la pantalla del teléfono móvil y poder sentir todo a su alrededor.

Más tarde, Anonym también intentó implantar varios sensores y se convirtió en la imitación e inspiración de muchos biohackers, al implantarse chips de comunicación inalámbrica (NFC), luces LED, imanes y más, que capturaban la información invisible como sonda, luz ultravioleta, Wi-Fi y datos térmicos.

La "implantación in vivo" no solo ha llenado los defectos humanos, sino que también se ha convertido en una nueva extensión de los sentidos humanos.

El artista británico Neil Harbisson se ha convertido en uno de los biohackers más memorables porque "instaló" una antena sensorial sobre su cabeza. El origen se debe a que nació daltónico, por lo que, a través de la cámara integrada de la antena, el color se convertía en ondas de sonido audibles. Más tarde, no solo podía reconocer 360 colores, sino también ver algunos rayos ultravioletas que las aves y los insectos solo pueden ver.

En los últimos años, a miles de suecos se les ha implantado RFID del tamaño de un arroz en sus brazos. Con un costo de alrededor de 160 dólares, pueden usar este dispositivo para reemplazar llaves, contraseñas y boletos electrónicos, etc., para "abrir" puertas, computadoras y varios dispositivos electrónicos.

Gradualmente, el biohacking comenzó a formar una cultura informal, principalmente conectada a través de foros en línea como biohack.me, donde personas con las mismas ideas se reunían para intercambiar las últimas ideas y nunca se cansaban de "hackear" el sistema humano.

Un biohacker llamado Rich Lee implantó un motor del tamaño de un pulgar debajo de la capa de grasa de los genitales. El dispositivo, llamado Lovetron 9000, consta de un motor, una batería y un interruptor que vibra continuamente cuando se activa. ¿Cuánto dura? ¿Qué tan bueno es? RichLee dijo: "Llevó mi sexualidad del hombre promedio de Utah al nivel medio orco".

Pero el comportamiento aparentemente curioso es en realidad solo un grupo de personas que tienen un fuerte deseo de explorar la ciencia y la tecnología, con la esperanza de usar la biotecnología con sus propias habilidades para mejorar sus propias necesidades y apuntar a cambiar el statu quo social.

Ahora, el círculo de biohacking también ha formado grupos conocidos como Genspace, DIYbio, Grindhouse

Wetwares, etc. Hay decenas de miles de empresarios y aficionados en el movimiento de biohacking solo en los Estados Unidos, y muchas personas todavía visitan Austin (la capital de Texas, EE.UU.) cada año para participar de una conferencia que los reúne para compartir recursos.

El biohacking también se ha dividido en cuatro categorías: Nutrigenómica, biología experimental, mejora de la tecnología y modificación bioquímica de Grinder. También hay más posibilidades nuevas para la modificación humana.

Algunos de ellos simplemente se mantienen saludables a través de dietas alternativas y hábitos de estilo de vida, como Dave Asprey, un conocido hacker de bienestar de Silicon Valley y fundador de Bulletproof Coffee, quien se inyecta sus propias células madre cada seis meses, toma 100 suplementos al día bajo luz infrarroja, toma un baño con agua helada y pasa el rato en una cámara de oxígeno hiperbárico para alcanzar su meta de vivir hasta los 180 años.

Otros intentan empujar los límites del cuerpo humano a través de la tecnología. Como se mencionó anteriormente, están ansiosos por implantar todo tipo de dispositivos electrónicos en sus cuerpos para experimentar.

También existe la modificación genética más controvertida en el círculo de biohacking: la mayoría de los biohackers involucrados en esta área son solo para mejorar o curar enfermedades difíciles, pero han causado grandes tormentas públicas varias veces.

Junto con el hecho de que la mayoría del público no está al tanto del movimiento de biohacking, este misterioso grupo parece no poder escapar nunca del riesgo de seguridad y muerte.

La polémica y la ética coexisten detrás del frenesí extremo de "remodelación"

El 29 de abril de 2018, Aaron Traywick, una de las figuras más controvertidas en el campo del biohacking, fue encontrado muerto en un spa de Washington, D.C. Dos meses antes de su muerte, se quitó los pantalones y se inyectó una inyección casera para el tratamiento del herpes que no se había sometido a ningún ensayo clínico, rodeado de flashes mediáticos.

Esto hace que los biohackers que han estado haciendo experimentos discretos en garajes o sótanos de repente pasen al primer plano de la opinión pública. Pero cuando las trágicas consecuencias se exponen bajo el flash, la gente también piensa que se trata solo de un grupo de artistas arrogantes.

Aunque agencias como la Administración de Drogas y Alimentos de los EE. UU. (FDA) se oponen firmemente a la autoexperimentación, debido a que las reglas que rigen el desarrollo de fármacos no interfieren con las acciones que los individuos les imponen, estos biohackers pueden eludir la regulación y probar los productos en sí mismos.

Están en un área gris legal.

Con la popularización de la tecnología de edición de genes de tercera generación, el costo de la edición de genes se ha vuelto cada vez más bajo, y la gente común puede acceder fácilmente a la tecnología de ciencias de la vida más avanzada. Aunque los "superpoderes" creados por los biohackers no son tan dramáticos como el monstruo de Frankenstein, los resultados a menudo impredecibles de los experimentos también lo hacen inevitablemente acompañado de una gran controversia.

El ex investigador de la NASA Josiah Zayner se inyectó reactivos para la tecnología de edición de genes CRISPR en una conferencia. Este agente elimina la proteína que inhibe los músculos, convirtiéndolo en el "Hulk".

CRISPR-Cas9 es conocido como uno de los descubrimientos biotecnológicos más grandes de este siglo, pero, de hecho, si se usa de manera incorrecta, causará riesgos de cáncer, y la FDA prohíbe expresamente la operación personal y la venta de kits de edición de genes de bricolaje, sin mencionar la "edición de genes" El incidente fue tan aterrador que nadie podría haberlo predicho.

De hecho, más como Ascendance Biomedical, una pequeña empresa fundada por Traywick, desarrollan y prueban nuevos programas de terapia génica con el objetivo de tratar el cáncer, el SIDA e incluso programas antienvejecimiento.

Tristan Roberts, la primera persona en inyectarse una "terapia génica experimental" no probada en su abdomen, ha transmitido en vivo la inyección en Facebook. Roberts fue diagnosticado con SIDA hace 6 años, y cuando no había medicamentos para tratarlo, optó por probar la terapia biológica.

Mientras levantaba la camiseta y levantaba la aguja para insertarla, respiró hondo: "Quiero dedicar esto a todos los que murieron porque no pudieron recibir tratamiento".

Pueden desviarse fácilmente, pero al mismo tiempo, también están creando una nueva vida.

El fundador de Facebook, Mark Zuckerberg, y el fundador de Tesla, Elon Musk, ambos defensores del biohacking, creen que "la biología humana y la tecnología deben converger para que la humanidad pueda seguir el ritmo del progreso tecnológico".

Pero gran parte del público sigue preocupado por la naturaleza de la campaña.

En una encuesta de 2016, el 69 % de los estadounidenses se opuso al uso de chips cerebrales para mejorar la cognición y el 63 % se opuso al uso de sangre sintética para aumentar la oxigenación de la sangre y hacer que las personas sean más fuertes y corran más rápido. Las encuestas muestran una incredulidad generalizada de que estas mejoras se utilizarán de manera responsable y segura.

Muchos científicos y especialistas en bioética también creen que tales experimentos son demasiado amateurs para producir resultados significativos, que los peligros de la autoexperimentación superan los beneficios especulativos, o que muchos pacientes que lo prueban pueden no tener idea de lo que están haciendo.

Pero en realidad, la comunidad de biohacking tiene su propio conjunto de pautas.

La mayoría de ellos son élites con alta alfabetización científica, que siguen las regulaciones nacionales y regionales, eliminan los desechos de manera adecuada, siguen las reglas de seguridad y no usan patógenos, de lo contrario, se los consideraría bioterroristas.

La bióloga Ellen Jorgensen también dijo en el discurso de Ted: "Los accidentes que ocurren durante los experimentos, gracias a la seguridad impuesta, son tan pequeños como una ventisca que cae en medio del desierto del Sahara. Pueden ocurrir, pero nunca vale la pena preocuparse por ellos".

Entonces, uno podría preguntarse, ¿por qué no simplemente elegir realizar investigaciones en la industria científica convencional? Lo lucrativo marca la diferencia.

Para eso existen los biohackers: pueden explicar una idea a cualquier autoridad, esperar un escrutinio riguroso, costoso y largo, no les importa si es lucrativo, no les importa si salva a la humanidad.

Cualquier tecnología poderosa nace con dos caras.

Las computadoras personales también se adoptaron y difundieron desde el laboratorio, y sin Linux y Android de código abierto, hoy no tendríamos teléfonos inteligentes baratos y diversos.

La biotecnología personal está emergiendo como un campo completamente nuevo, pero los medios a menudo sobrestiman sus habilidades técnicas y subestiman sus estándares morales.

En 2012, en sótanos, garajes, espacios de puesta en marcha y laboratorios improvisados, grupos de investigadores, científicos, programadores y neurocientíficos de bricolaje* en sus comunidades de biohacking trabajaron juntos en interfaces cerebrales que podrían controlar los videojuegos con la mente humana. (*La biología de bricolaje es un movimiento social biotecnológico en crecimiento en el que individuos, comunidades y pequeñas organizaciones estudian biología y ciencias de la vida utilizando los mismos métodos que las instituciones de investigación tradicionales).

¿Quién hubiera imaginado que un bio-hacker algún día desarrollaría una pierna biónica con un implante coclear y cambiaría el mundo de una persona desde el día en que los sordos pudieron oír? Y en un futuro cercano, también provocarán un nuevo auge empresarial.

La capacitación para la mejora de los seres humanos se está convirtiendo en una locura en este momento, incluida la robótica de bricolaje, el ayuno intermitente, el yo cuantificado, la mejora de la meditación, etc.

En Nueva York, Boston y Pittsburgh, muchos biohackers son más activos. El grupo New York Biohackers NYC Meetup, así como varias empresas emergentes e incubadoras, comenzaron a reunir más fuerzas y avanzar hacia la "regularización" para crear productos cibernéticos viables en el mercado a través de experimentos y ciencia.

El fundador de Biohackers NYC Group dijo que su propósito es cubrir el rango biológico de los seres humanos desde el cuerpo hasta la mente, ya sea en términos de tecnología o nutrición, para que las personas tengan el potencial de convertirse en las mejores personas de la sociedad, ese es el significado de biohackers.

Grindhouse Wetwares en Pittsburgh es un colectivo de biohacking basado en Internet de programadores, ingenieros y científicos. Han llevado a cabo proyectos como la activación del cerebro con electricidad, implantes médicos para el seguimiento de la salud y la fusión de humanos y máquinas, con el objetivo de "mejorar la humanidad utilizando tecnologías seguras, económicas y de código abierto".

De hecho, el modelo comercial de Grindhouse es muy similar al de las primeras empresas de Silicon Valley: ofrecen colectivamente planes de proyectos a través de licencias Creative Commons, los clientes pueden pagar los equipos que se financian para construirlos o usarlos gratis en casa.

Facebook reveló en la conferencia de desarrolladores F8 en abril de 2017 que está desarrollando una interfaz de texto en lenguaje cerebro-computadora

El "software de control con ondas cerebrales" mencionado anteriormente es una de las áreas más prósperas en la comunidad cibernética DIY. Las interfaces cerebro-computadora serán cada vez más comunes. Los usuarios usan ondas cerebrales para leer los juegos más comunes o aplicaciones simples. Se convertirá en uno de los modelos de negocio comunes en el futuro.

En un artículo de la revista Frontiers in Neuroscience también señaló que la combinación de nanotecnología, inteligencia artificial y otras tecnologías informáticas tradicionales conducirá a avances en el campo de la "interfaz cerebro humano/nube" en las próximas décadas.

Y esta tecnología ahora se está monetizando e introduciendo en el mercado a gran escala.

La empresa austriaca g.tec ha lanzado un producto para pacientes con trastornos del movimiento que les permite deletrear palabras usando ondas cerebrales. Hace algunos años, había un producto de consumo llamado MindWave Mobile, que permite a las personas jugar juegos a través de ondas cerebrales (sin entrada manual o gestual) por $130 en Android e iOS.

Este es también un aspecto representativo de la conexión entre la tecnología y los ecosistemas empresariales en el futuro, y las empresas que completan la transformación y supervivencia digital.

Décadas a partir de ahora, cuando nuestras manos puedan comunicarse a través de la implantación de chips, mirando hacia atrás el hoy, puede parecer un poco divertido que dependamos de los teléfonos móviles que desorientan y destruyen los recuerdos; cuando miramos hacia atrás en biohacking, podría ser como mirando hacia atrás ahora a Silicon Valley a principios y mediados de la década de 1970 o Stanford o Harvard en la década de 1990.

Algunos entusiastas de la tecnología y pequeños empresarios construyeron computadoras y software caseros en garajes y dormitorios, pero luego fundaron Apple, Google y Facebook.

A pesar de la generación actual de biohackers, la mayoría sigue explorando en silencio las fronteras permeables de los humanos y la tecnología.

Pero algunos de ellos pueden haber ido más allá del ámbito físico, utilizando diferentes habilidades y sentidos para llevar sus cuerpos y espíritus a una dimensión más amplia.

Y esta es también una de las mayores posibilidades para el futuro de los seres humanos: liberarse de la ontología animal, de las funciones biológicas al aumento de máquinas, a la transición perfecta del código computacional y las funciones algorítmicas, y conectar el cerebro, el cuerpo y el mundo natural más profundamente.

En ese momento, podemos tener una mejor comprensión de lo que es verdaderamente único como seres humanos.

Y lo que están haciendo, tal vez como el protagonista de la película "Trainspotting", tienen que meterse en un baño oscuro e impredecible en el dilema. Pero nadie sabía si podían ver el sol después de luchar para salir nadando de él.

No será peor de lo que es ahora, pero sacar la cabeza podría ser el nuevo mundo.

Cada año nuevas tendencias van y vienen sin mucho impacto. Por otro lado, el biohacking ha estado ganando atención a nivel mundial

Capítulo 4
Mejorando el cuerpo humano

El biohacking "funciona" en varias direcciones:

- Nutrición,
- Ejercicios anti estrés,
- Sueño,
- Control y corrección del nivel de vitaminas, minerales y ácidos grasos,
- Monitorear el estado del cuerpo de acuerdo con los principales indicadores (especialmente el nivel de hormonas),
- Elaboración de un mapa genético,
- Prácticas psicológicas.

De hecho, este no es un descubrimiento sensacional en absoluto y, de una forma u otra, todos conocen estos aspectos del bienestar. Sin embargo, no todos tienen en cuenta sus propias características, a menudo simplemente usan la experiencia exitosa de otra persona.

Atención a ti mismo

El autoaprendizaje es un postulado que atraviesa toda la filosofía del biohacking y requiere una comprensión de al menos el estado general de salud.

Por ejemplo, para cambiar a una dieta alta en proteínas o agregar suplementos dietéticos a la dieta, sería bueno asegurarse de que el hígado y los riñones "puedan soportar tales cargas". Antes de "cargar" los músculos en un club deportivo, averigüe "cómo está" el corazón y los vasos sanguíneos, así como la hemoglobina y el hierro. Para la introducción de vitaminas, conozca exactamente su nivel. Si piensa agregar "carbohidratos para obtener energía" a la dieta, evalúe el riesgo de diabetes. Y si quiere avanzar sobre el estado de salud por estrés o falta de sueño, asegúrese de que la glándula tiroides esté en orden.

Debo decir que los indicadores enumerados (a excepción de las vitaminas y el hierro) forman la base del examen de salud anual recomendado para absolutamente todos.

Además de los estudios básicos de cribado, los biohackers "promueven" la elaboración de un mapa genético personal. Una decodificación completa del genoma (en la medida en que lo permitan las tecnologías modernas) lleva a identificar las "fortalezas y debilidades" del cuerpo, así como predecir futuras enfermedades. Y parecería que la "cosa" es realmente necesaria, pero con la genética, no todo es tan simple.

El hecho es que hay tantos genes que conducen a la enfermedad en el 100% de los portadores. Estos incluyen, por ejemplo, BRCA, que es responsable del cáncer de mama. La famosa actriz Angelina Jolie resultó ser la portadora de dicho gen, quien, en relación con un "hallazgo" peligroso, tomó una decisión fundamental: no esperar el cáncer, sino extirpar completamente las glándulas mamarias.

En la mayoría de los casos, ciertos genes o mutaciones en ellos son un factor de riesgo, no una condena. Para su "manifestación" se necesitan factores desencadenantes, y "si se harán sentir" con un 100% de certeza, nadie puede decirlo.

Así, por un lado, el sistema de biohacking es una poderosa herramienta para mantener la salud y la actividad, y, por otro lado, es un área de experimentación que requiere la participación de un médico especialista calificado.

Si bien la aplicación del biohacking depende de un estudio particular, se pueden dar algunos consejos generales para aquellos que deseen mejorar la conciencia corporal.

Consejos prácticos para mejorar la calidad corporal:

Sentir las señales de su cuerpo, asignarlas y, sobre todo, interpretarlas correctamente es fundamental a la hora de llevar un estilo de vida saludable

Cómo camina, usted se mantienes erguido, mueve las extremidades cada segundo, siente si tienes hambre o sed, cansancio o debilidad: la conciencia corporal le acompaña cada segundo del día despierto. Cuando se trata de un estilo de vida saludable, es fundamental sentir las señales de su cuerpo, asignarlas y, sobre todo, interpretarlas correctamente.

Sin embargo, la percepción de su cuerpo intacto también puede desequilibrarse rápidamente: bajo estrés, por falta de ejercicio, fluctuaciones hormonales u otras influencias externas o físicas, rápidamente pasa por alto lo que es bueno para su cuerpo; esto es completamente normal.

Lo que es importante ahora: rastrear la sensación corporal perdida con una acción consciente, aliviar el cuerpo y actuar con atención plena. Estos consejos diarios le ayudarán.

Consejo 1: acuéstese temprano

Las primeras tres o cuatro horas de sueño son las más reparadoras, ya que es cuando se produce el sueño profundo. En el proceso, se liberan cada vez más hormonas de crecimiento, que favorecen la regeneración física, y las células de la piel y los órganos internos se renuevan eficazmente. Además, dormir más le hace más equilibrado y eficiente. Y: si no duerme lo suficiente, sus hormonas se desequilibran y se siente más hambriento de lo que realmente es.

Consejo 2: Entrene su suelo pélvico

Independientemente de si has tenido un hijo o no: un suelo pélvico fuerte es la base para una postura óptima. El suelo pélvico sostiene los órganos internos. Si hay debilidad o tensión excesiva, debido al estrés, la mala postura o la falta de ejercicio, esto tiene un efecto directo en la estática física. El resultado: ya no se mantiene erguido y las posiciones de las articulaciones cambian desfavorablemente. Está literalmente colgando. Ahora hay innumerables aplicaciones que son útiles con los llamados ejercicios de Kegel.

Consejo 3: coma más fibra

La fibra dietética es la clave para un metabolismo óptimo. El cuerpo usa calorías para descomponerlas. La matemática es simple: cuanta más fibra coma, mejor será su metabolismo. Las frutas, las verduras y los cereales integrales son ricos en fibra. Importante: Beba mucha agua. Como resultado, las fibras dietéticas se hinchan en el estómago y le hacen sentir lleno durante mucho tiempo. Al mismo tiempo, la mezcla de fibra y agua promueve una digestión saludable, lo que ayuda a combatir la hinchazón. 30 gramos por día es lo óptimo, según estudios, casi nadie puede hacerlo. La ingesta de fibra dietética se puede mejorar con suplementos como las cáscaras de psyllium.

Consejo 4: Practique yoga regularmente

Ejercicios como la vela o el perro boca abajo favorecen el funcionamiento de los intestinos. El intestino delgado y grueso son atraídos en dirección opuesta por el sistema invertido. Los efectos se pueden sentir rápidamente: se pueden aflojar las adherencias, se promueve el peristaltismo intestinal y se alivia la columna vertebral del tirón hacia abajo del intestino. Y: La circulación sanguínea en las piernas también puede mejorar, lo que favorece el drenaje venoso, ya que los órganos internos presionan menos los vasos sanguíneos.

Consejo 5: Reduzca el azúcar

Comer menos azúcar no solo ahorra calorías innecesarias, sino que también mantiene constantes los niveles de energía. Lo que sucede en un cuerpo: La glucosa levanta el estado de ánimo y el poder físico por un segundo porque el cerebro libera la hormona de la felicidad, la serotonina. Poco después, vuelve a caer y el cuerpo inmediatamente quiere más. Eso es muy duro para usted y pone a prueba su digestión.

Capítulo 5
Entrenamiento psicológico

El entrenamiento mental propiciado por los biohackers es un método de intervención psicológica, que utiliza instrumentos y medios especiales para cambiar específicamente un cierto estado psicológico de una persona para lograr la intensidad y el estado más adecuado. Apareció por primera vez en el campo del tratamiento patológico, y luego fue muy utilizado en el deporte. En 1932 el patólogo alemán J. H_Schultz fue pionero en el entrenamiento autónomo, es decir, a través de señales verbales hipnóticas, métodos de relajación de extremidades, etc., para ajustar el autocontrol del propio estado corporal, cambiar el estado fisiológico y psicológico del cuerpo y lograr el autocontrol y la autorregulación.

Áreas de enfoque:

Mejorar el autocontrol y la regulación.

Una persona sana debe ser capaz de controlar y regular consciente y adecuadamente su propia expresión emocional, la intensidad de la respuesta emocional, la tendencia y el nivel de motivación, la dirección y el proceso de pensamiento, la dirección y el modo de acción, etc. Cuando la capacidad de autocontrol y regulación de una persona se encuentra en un nivel alto, mostrará las siguientes características: pensamiento rápido, lógica rigurosa, lenguaje fluido, comportamiento decente, expresión emocional plena y precisa, ni humilde ni arrogante, nivel adecuado de motivación, flexible, eficaz, fácil de actuar y obtener satisfacción, etc.

Mejorar la intensidad de las actividades mentales de las personas.

Por ejemplo: mejorar la estabilidad y concentración de la atención; mejorar la precisión y la sensibilidad de la observación; mejorar la eficiencia de la memoria; estimular la creatividad del pensamiento; promover el desarrollo de las necesidades normales; establecer la confianza en sí mismo, hacer que las personas sean activas y eficientes Trabajar para reducir los sentimientos de fatiga, aburrimiento e impotencia.

Mejorar la adaptabilidad al medio ambiente.

Las personas deben ser capaces de mantener una buena adaptación a las condiciones naturales, al entorno de vida, al ambiente de trabajo, a las relaciones interpersonales ya su propio entorno interno. Cuando el entorno anterior cambia, debe poder ajustar rápidamente su estilo de afrontamiento y recuperar una buena adaptación, sin causar obstáculos en varios aspectos o reacciones adversas en el cuerpo y la mente debido a la falta de flexibilidad.

Aumentar la tolerancia mental

Es decir, puede tener una fuerte tolerancia y resistencia a la estimulación o presión mental fuerte y duradera. Si se encuentra con estímulos fuertes y de corta duración, como la muerte de un ser querido, o una presión mental duradera, como una enfermedad, puede soportarlos con firmeza y manejarlos de manera racional, o desactivar la presión de una manera más positiva y efectiva. No alcanzar actividades mentales desordenadas, disminución de la eficiencia de la actividad o incluso pérdida del control emocional debido a la estimulación y la presión.

Mejorar las habilidades sociales

Permitir que las personas mantengan las necesidades normales de comunicación interpersonal. Que se comuniquen activamente con las personas que los rodean, elijan de manera consciente y adecuada el objeto, el alcance y el método de comunicación, y comprendan el propósito, la profundidad y la dirección de la comunicación. Ampliar las conexiones sociales y mejorar la comunicación con los demás desde la perspectiva que es beneficiosa para uno mismo, de modo que las personas puedan recibir calidez emocional, aceptación, ayuda e información útil de los demás.

Mejorar la capacidad de ajuste psicológico

En la vida, a menudo suceden cosas insatisfactorias, y los golpes serios y la mala suerte no se pueden evitar por completo. Por lo tanto, todos pueden estar psicológicamente traumatizados en un cierto período de la vida, y sus emociones y comportamientos pueden desviarse temporalmente de la norma. En casos severos, también puede conducir a enfermedades físicas y mentales. Sin embargo, todos tienen diferentes grados de capacidad de autocuración, lo que puede eliminar la sombra del trauma psicológico y recuperar la vitalidad del pasado. Una mayor capacidad de autocuración psicológica significa: una autoconciencia más clara, una actitud más positiva hacia la vida, una creencia firme en el cambio de uno mismo, una buena capacidad de aprendizaje y una integración más fluida de las actitudes a los comportamientos.

Los principios psicológicos del biohacking

La formación psicológica viene del mundo del deporte, y es la que implanta el propio modelo deportivo, por lo que los principios básicos de la preparación física también se trasplantan a la formación psicológica. incluye:

1.   **El principio de iniciativa**: La clave para que el entrenamiento sea efectivo o no, es que el deportista tome la iniciativa, si no se mueve, no habrá efecto, es imposible que el entrenador entrene por él y consiga resultados.

Esta es una gran diferencia entre el entrenamiento mental y el asesoramiento, este último afirma que la clave para resolver los problemas psicológicos es algún tipo de cura mágica de los maestros consejeros. Por supuesto, este es el tono utilizado por el consejero en su divulgación pública. Cuando llegues al consultorio, te dirán una y otra vez: tienes que cambiar tú mismo.

2.   **El principio de sobrecarga**: La carga mental en el entrenamiento solo es valiosa si va más allá de lo que normalmente soporta una persona. Por ejemplo, hay un proyecto de "Puente roto a gran altura" en la capacitación de desarrollo. ¿No tienes miedo? Entonces déjate tener un buen miedo. Debido a que

caminar por un puente roto a gran altura excede la capacidad psicológica de la mayoría de las personas, es efectivo. Solo puede ser superado por la carga psicológica del miedo en las capas exteriores de los edificios de gran altura.

3.   El principio del paso a paso: El entrenamiento psicológico debe ajustarse a la ley del propio desarrollo cognitivo del individuo. Sin embargo, el entrenamiento psicológico también puede utilizar el entrenamiento de choque en casos muy raros, lo que puede llevar repentinamente la carga psicológica del cliente al límite. Pero la mayor parte del entrenamiento mental tiene que mantener un principio gradual.

4.   El principio de continuidad: Las funciones fisiológicas y psicológicas son de uso y desuso, y deben entrenarse constantemente para mantener un alto nivel. En este sentido, la formación psicológica y el asesoramiento psicológico también son significativamente diferentes. Este último afirma que los efectos de su "terapia" pueden durar para siempre. Cuando entras por esta puerta, tienes muchas preguntas, y cuando sales por esta puerta, eres una "persona nueva". El entrenamiento mental no promete este efecto, solo proporciona métodos de entrenamiento que el cliente debe entrenar durante mucho tiempo para mejorar y mantener el nivel de función mental.

5.   El principio de pertinencia: Cada ejercicio debe estar dirigido a mejorar qué aspecto de la función. Una gran diferencia entre los deportes modernos y los deportes tradicionales es que, combinado con el conocimiento fisiológico, se ha aclarado la pertinencia de varios entrenamientos y se han eliminado muchos métodos de entrenamiento peligrosos o ineficientes. El equipo combinado en el gimnasio está diseñado para cada músculo específico.

El entrenamiento mental es un poco más difícil en este sentido. Debido a que, en la vida diaria, varias funciones psicológicas juegan un papel unificado, cómo extraerlas y fortalecerlas individualmente con algún tipo de entrenamiento, hasta el momento no hay una respuesta muy precisa. Pero ahí es donde va el esfuerzo de entrenamiento mental.

6. El principio de personalización: La fisiología de cada persona es diferente y no existe un enfoque único para el entrenamiento. Los entrenadores deben desarrollar métodos de entrenamiento individuales para diferentes jugadores.

Si esto no es obvio en el entrenamiento físico, debe implementarse más estrictamente en el entrenamiento psicológico debido a las características de personalidad más obvias del estado psicológico. El primer paso en el entrenamiento psicológico es comprender primero el estado psicológico del cliente y luego formular un programa de entrenamiento específico.

7. El principio de integralidad: Todas las funciones fisiológicas y psicológicas deben ser entrenadas, y ninguna debe ser descuidada.

Por supuesto, debido a que las personas se dedican a diferentes deportes o trabajos diarios, definitivamente habrá algunas funciones fisiológicas o psicológicas que se destacarán para el entrenamiento. Pero en este momento, no se pueden descuidar otras funciones.

En la actualidad, hay muchas clases de formación psicológica en la sociedad. Debido a que el tiempo de entrenamiento es demasiado corto, solo se puede entrenar una determinada función psicológica. Algunos son "entrenamiento de atención", "entrenamiento de confianza", "entrenamiento de integración sensorial" etc. En la etapa actual de desarrollo del entrenamiento psicológico en biohacking, debido a que la sociedad aún no lo reconoce abiertamente, es comprensible comenzar con la formación individual. Pero sin el desarrollo de un entrenamiento integral, los resultados del entrenamiento individual no serán fáciles de mantener, porque las funciones psicológicas cooperan entre sí en la vida real. Por ejemplo, sin entrenamiento emocional, el efecto del entrenamiento de atención no es fácil de mantener. Si no recibe entrenamiento conductual, su comportamiento explícito es torpe y su eficiencia a largo plazo es baja. ¿De dónde viene la confianza en sí mismo?

Los anteriores son los principios comunes del entrenamiento físico y el entrenamiento psicológico. Los siguientes son principios específicos del entrenamiento mental:

1. El principio de situación especial, una determinada cualidad psicológica solo puede reflejarse en una determinada situación. Cuanto más se aproxime la situación del entrenamiento a la situación real, mejor.
Aquí es donde el entrenamiento mental difiere notablemente del entrenamiento físico. La fuerza desarrollada en el gimnasio se puede ejercer básicamente en situaciones de competición. Pero la "confianza" entrenada en el salón de clases puede perderse en la práctica.

Este principio es también la diferencia entre el entrenamiento psicológico y el asesoramiento psicológico. La consejería psicológica no presta atención a la diferencia entre situaciones y generalmente se lleva a cabo en una habitación pequeña como la sala de consejería. Todos los métodos de asesoramiento psicológico - "terapia de conversación", "mesa de arena", " psicodrama ", " terapia cognitiva " - están diseñados en realidad en torno a esta situación especial y se caracterizan por "quedarse en casa". Pero el estado mental formado en esta situación especial a menudo es difícil de mantener al regresar al gran mundo. Por lo tanto, las partes a menudo sienten que la consulta es efectiva y que la situación negativa volverá al estado original.

2. El principio de la experiencia, es decir, la formación se realiza principalmente a través de la experiencia real. El entrenamiento mental no se trata de razonar, sino de que el deportista/interesado lo experimente directamente. Esta es una de las diferencias entre la formación psicológica y la educación moral, así como el asesoramiento psicológico. La educación moral actual se basa básicamente en la educación racional del habla. El contenido básico del asesoramiento psicológico sigue siendo la "terapia de conversación": conversación uno a uno, pero la forma y el contenido de la conversación están en constante evolución.

Pero la actividad básica del entrenamiento mental es la experiencia, no las palabras. Su principio es que las actividades mentales irracionales de las personas son independientes de las actividades del habla, y si trabajas duro con las palabras, obtendrás el doble de resultados con la mitad del esfuerzo. Solo la experiencia real puede estimular directamente la percepción, formar representaciones, estimular emociones y generar comportamiento.

En la actualidad, algunos psicólogos han llegado al borde del principio de la experiencia a través de su propia exploración. Diseñaron una gran cantidad de actividades en la "casita" para que las partes experimentaran, y formaron el principio de "más experiencia, menos predicación". Sin embargo, debido al letrero de asesoramiento psicológico, estas "terapias experienciales" a menudo son criticadas dentro de la comunidad de asesoramiento psicológico y se las considera ajenas.

Biohacking para personas deprimidas

En la sociedad moderna, las personas están bajo una presión cada vez mayor en todos los aspectos, y el dolor y los contratiempos que enfrentan a menudo conducen a la depresión y la ansiedad interna. Las personas deprimidas a menudo tienen formas de pensar y hábitos de pensamiento poco razonables, a menudo una mirada o una acción inconsciente de los demás les hará pensar de forma descontrolada, lo que conducirá a reacciones emocionales negativas. La investigación psicológica muestra que el estilo de pensamiento y los hábitos negativos, rígidos y paranoicos de las personas deprimidas son una causa importante de la depresión, y que el estilo y los hábitos de pensamiento se pueden mejorar a través del entrenamiento psicológico.

En el sentido del entrenamiento psicológico, este tipo de dolor y frustración es una señal de que el mecanismo psicológico interno está insuficientemente desarrollado y necesita crecer, y también es una pista y un recurso para el crecimiento, y es una oportunidad importante para que las personas aprendan a crecer. Las personas a menudo evitan el dolor y los contratiempos, con la esperanza de que nunca sucedan, y esperan que solo haya felicidad y alegría en la vida, pero el dolor es inevitable, a menos que puedas aprender de él, crecer y fortalecer tu mente. Los expertos en entrenamiento mental piensan que este tipo de dolor y frustración muchas veces provienen de la fragilidad interior y de la forma de pensar negativa, intolerante y rígida de las personas. El entrenamiento psicológico del pensamiento puede ayudar a las personas desde todos los ángulos a explorar y ajustarse desde lo superficial a lo profundo, desde lo local a la totalidad.

En primer lugar, el sistema de entrenamiento Thinking Anxiety guiará a las personas a comenzar la autoexploración a partir de los sentimientos emocionales específicos de dolor y frustración, y explorar los métodos de pensamiento negativos, estrechos y rígidos que conducen al dolor y la frustración.

En segundo lugar, el entrenamiento psicológico ayudará a las personas a analizar de manera gradual y profunda los puntos irrazonables específicos de su pensamiento y reparar los problemas, lo que hará que el proceso de pensamiento de las personas sea más flexible, completo, tolerante y adaptable.

Finalmente, el entrenamiento mental avanzado lo ayudará a navegar la profunda vulnerabilidad interna detrás del dolor y la frustración; lograr el avance y el desarrollo personal.

Formación psicológica para astronautas.

Los astronautas tienen que trabajar en el vasto espacio y el entorno estrecho, y esta profesión tiene requisitos muy estrictos sobre la calidad de la voluntad. Se dice que Tereshkova, la primera mujer astronauta, lloró mucho después del despegue, lo que casi hizo imposible la misión. En la estación espacial, no mucho más grande que la celda de una prisión, el cosmonauta ruso Avdeev tiene un asombroso récord de 748 días en tres ocasiones. El "Apolo 13" estaba en peligro a una distancia de cientos de miles de kilómetros de la tierra. Si los astronautas colapsaran psicológicamente, no habría un milagro posterior de regreso.

El entrenamiento psicológico de los astronautas es el mismo que el de otras tecnologías aeroespaciales, y cada país guarda sus propios secretos. Sobre la base de la práctica, Liu Fang (entrenador chino de astronautas) escribió artículos como "Salud mental y mantenimiento de los astronautas" y "Requisitos de calidad psicológica y capacitación psicológica de los astronautas", que son materiales chinos únicos y valiosos en este campo.

Solo hay unos pocos astronautas chinos en el espacio, y solo una docena del ejército de reserva entrenado. Pero los astronautas son lo mejor de lo mejor. El primer lote de 14 astronautas de China en realidad fue seleccionado entre 1.506 pilotos, con una tasa de idoneidad de menos del 1%, y la calidad psicológica de los propios pilotos es más fuerte que la de la gente común. De esta manera, la función psicológica de los astronautas puede describirse como muy superior a la de la gente común. La experiencia de entrenar astronautas se puede extender a la población en general. Más tarde, Liu Fang brindó asesoramiento psicológico a atletas y estudiantes universitarios. Pero no se olvidó de declarar a los periodistas en una entrevista que no estaba haciendo consejería psicológica ni psicoterapia: "Para ser precisos, no somos psiquiatras, sino instructores psicológicos. Ajuste, evaluación y entrenamiento psicológico para astronautas, para predecir y diseñar. el desempeño psicológico de los astronautas cuando realizan tareas en varias etapas, y dan un plan de respuesta desde un punto de vista psicológico, para que su calidad psicológica sea cada vez mejor, en lugar de tratar pasivamente los problemas".

Esto no solo refleja la diferencia entre el entrenamiento psicológico y el tratamiento psicológico, sino que también refleja la vergüenza del trabajo de entrenamiento psicológico actual hasta cierto punto. La formación psicológica aún no ha tenido su propio sistema de formación de talentos y solo puede tomar prestados talentos cultivados por la psicología académica o el asesoramiento psicológico.

Entrenamiento mental para deportistas

Es el proceso de ejercer influencia de manera consciente y resuelta sobre los procesos mentales y las características de personalidad de los atletas.

Su propósito es cultivar y desarrollar las cualidades psicológicas necesarias y las características psicológicas individuales de los atletas en competencias y entrenamientos intensos, para que los atletas puedan aprender a controlar y ajustar su estado psicológico y esforzarse por mantener el mejor estado competitivo durante mucho tiempo en la competencia.

El entrenamiento mental se ha desarrollado gradualmente con el desarrollo de los deportes modernos. Las características de los deportes modernos son el rápido crecimiento del rendimiento deportivo, cuanto más cercano es el nivel técnico de los atletas y más intensa la competencia deportiva. Cuando ambos lados de la competencia están igualados en términos de tecnología, tácticas, estado físico, etc., el resultado a menudo depende de factores psicológicos. Es decir, la condición física del atleta, el rendimiento técnico, la adquisición del mejor estado competitivo y el uso de la táctica deben basarse en un buen entrenamiento psicológico. El entrenamiento mental está estrechamente relacionado con la habilidad física y el entrenamiento táctico, por lo que constituye el contenido principal del entrenamiento deportivo moderno. La formación psicológica se divide en formación psicológica general y formación psicológica individual. Las dos son diferentes y están estrechamente relacionadas. El entrenamiento psicológico general, también conocido como entrenamiento psicológico a largo plazo, es el entrenamiento de las cualidades psicológicas que todos los atletas deben tener. Recorre el proceso de entrenamiento físico, técnico y táctico, y cultiva principalmente en los deportistas la motivación, la percepción, la reacción, la tolerancia a la frustración, la regulación emocional, la fuerza de voluntad El entrenamiento mental individual también se llama entrenamiento mental a corto plazo. La tarea principal es hacer que los atletas tengan las cualidades psicológicas especiales necesarias para el deporte, o hacer que los atletas formen el mejor estado de preparación psicológica para competencias específicas.

Hay muchos métodos de entrenamiento mental, como el entrenamiento de la percepción, el entrenamiento de la atención, el entrenamiento de la voluntad, el entrenamiento de la mente y el motor, el entrenamiento de biorretroalimentación, el entrenamiento de autosugestión y relajación, el entrenamiento de simulación, etc.

Entrenamiento de atención plena

También conocido como entrenamiento de recuerdo o entrenamiento de imágenes. Se refiere a un método en el que los atletas usan conscientemente las imágenes para consolidar y mejorar los movimientos técnicos. El método específico es que antes de que el atleta realice la acción, debe recordar y reproducir la acción aprendida, y luego realizar la acción. Al realizar el entrenamiento motor, los atletas deben concentrarse, y la imagen de movimiento que se presenta en su mente debe ser una imagen integral precisa y clara que combine la visión y la percepción cinestésica, solo así se puede lograr el propósito de consolidar y mejorar los movimientos técnicos. Los estudios han demostrado que cuando se produce una imagen de acción (imagen motora) en la mente, se excitará el centro correspondiente de la corteza cerebral, y esta excitación provocará el movimiento correspondiente de los músculos. Este tipo de respuesta motora provocada cuando se produce la imagen motora se denomina respuesta ideomotora o acción ideomotora, que puede comprobarse mediante la corriente muscular. Por ejemplo, pídale a un atleta que presente la imagen de la acción de correr en su mente mientras el cuerpo y la mente están en un estado relajado, mientras registra la corriente de los músculos de las piernas. El resultado es que la corriente muscular también aumenta significativamente cuando hay una actividad de imagen deportiva. Los métodos de entrenamiento de atención plena se han adoptado ampliamente en varios países y, a menudo, se usan junto con el entrenamiento de autosugestión y relajación.

Entrenamiento de autosugestión y relajación.

Un método de usar ciertas autosugestiones para relajar los propios músculos. El psiquiatra alemán JH Schultz ha utilizado clínicamente este método, y posteriormente ha sido ampliamente utilizado en el deporte en varios países. Los atletas no solo necesitan relajarse después de una gran cantidad de ejercicio para eliminar la fatiga, sino que también necesitan relajarse para calmar sus emociones cuando están sobreexcitados antes del juego, y deben estar en el mejor estado de preparación antes del juego. Por ello, este entrenamiento de los deportistas se divide en dos partes: relajación y movilización. La parte de relajación es principalmente la forma en que los atletas usan la autosugestión para aprender a relajar completamente los músculos de la cara, el cuello, los brazos, las piernas y el tronco, y reducir su tensión, reduciendo así la transmisión de impulsos del cuerpo al cerebro, permitiendo que el cerebro descanse. La relajación muscular suele estar estrechamente coordinada con la respiración profunda, y la atención del atleta se dirige a su vez a los músculos relajados. La parte de movilización consiste principalmente en que los atletas recitan algunas autosugestiones en silencio en un estado de relajación física y mental, y ejercen influencia conscientemente sobre sus funciones fisiológicas (como la respiración, los latidos del corazón) y la intensidad de las actividades psicológicas (como las emociones, la confianza); o recuerde que han logrado excelentes resultados. El rendimiento de la escena del juego, con el fin de lograr el propósito de la automovilización. El entrenamiento es similar al yoga en India y al qigong en China. Aunque todos los países utilizan este método de formación, no existe un sistema unificado. La base teórica de este enfoque queda por estudiar más a fondo.

Entrenamiento de simulación

Un método para hacer que el entrenamiento habitual de un atleta se acerque lo más posible a las condiciones reales de competencia. En general, existen dos tipos de situaciones de competición simuladas: la simulación de imágenes de lenguaje y la simulación de situaciones reales. El primero es usar el lenguaje para describir la situación del próximo juego, y se pueden usar imágenes, gráficos, etc. para hacer que la imagen del lenguaje sea específica; el segundo es crear algunas condiciones cercanas al juego en el entrenamiento. Los diferentes deportes tienen diferentes requisitos para el entrenamiento de simulación. Por ejemplo, los eventos de confrontación individual o colectiva como esgrima, lucha libre, baloncesto, fútbol, voleibol, etc., deben elegir los oponentes apropiados para el entrenamiento de "combate real"; la gimnasia, la gimnasia rítmica, los clavados y otros eventos deben ser puntuados por los árbitros. Correr, natación y otros eventos, se requieren preliminares y finales. El entrenamiento de simulación de diferentes proyectos requiere el uso de diferentes equipos, así como diferentes lugares, tiempo y condiciones climáticas. Simular la situación del campo con la participación de la audiencia puede mejorar la adaptabilidad del campo de los jugadores y la capacidad anti-interferencia. En términos generales, el efecto de entrenamiento de simulación de la situación real es mejor, pero lleva más tiempo y la situación en el juego no se puede simular por completo. Por lo tanto, es mejor combinar los dos entrenamientos de simulación. La función del entrenamiento de simulación es principalmente preparar a los atletas para la competencia, mejorar su confianza, eliminar la tensión excesiva y hacerlos estar en el mejor estado de preparación. Por esta razón, los entrenadores y atletas deben comprender y analizar a los oponentes, el equipo del lugar en detalle antes de la competencia, árbitros, tendencias de la audiencia, e incluso temperatura, dirección del viento y otras condiciones.

El efecto de la meditación en el cuerpo y la mente

No estamos comenzando un discurso sobre la neuroplasticidad ahora. Solo esto: su cerebro cambia a medida que envejece. Y: la meditación afecta tu conciencia, y también tu cerebro. ¿Quieres saber qué efectos puede tener esto? Aquí vamos:

Reduces la ansiedad:
La meditación regular reduce el área del cerebro responsable del estrés y las reacciones de ansiedad. Te relajas. La relajación proviene de solo observar lo que es. Con curiosidad y aceptación, pero sin resistencia a lo que se siente.

Te descubres a ti mismo:
Cuando meditas, te conviertes en un observador de lo que sucede en tu cuerpo y mente. Percibes sin juzgar.

Con el tiempo te darás cuenta de cómo funcionas y cómo tus sentimientos funcionan juntos.

Eliminas las cavilaciones:
Con solo observar tus pensamientos, reduces la tendencia de tu mente a pensar en el mismo tema una y otra vez.

Te vuelves más relajado:
Los pensamientos, las emociones y las sensaciones corporales pierden su poder cuando los aceptas como son. El malestar y la agitación dan paso a una cierta serenidad con el tiempo.

Entrenas tu concentración:
En la meditación sigues concentrándote en observar lo que está pasando en el momento. Esto le enseña a su mente a concentrarse en una cosa en lugar de deambular constantemente.

Llegas al ahora:
Meditar tiene que ver con el aquí y el ahora. El momento en que todo sucede. Esto también se traslada a su vida cotidiana.

Meditación para principiantes: 10 consejos para aprender a meditar

1.   Crea un espacio de meditación
Los seres humanos somos criaturas de hábitos. Puedes aprovechar esto: establecer un lugar de meditación. El lugar correcto es un lugar tranquilo, con pocas distracciones, que disfrutes. No es que te enojes con la horrible imagen en la pared mientras meditas.

Si está en movimiento y no siempre puede retirarse al mismo lugar, una almohada o una manta pueden ser tu lugar de meditación. En algún momento, surge una especie de ritual: tu mente cambia al modo de relajación tan pronto como visitas este lugar o extiendes tu manta.

2.   Ponte cómodo

Pantalones holgados en lugar de una cinturilla ajustada, camisas aireadas en lugar de un cuello almidonado: no dejes que tu ropa te restrinja. Lo que solo ha sido perceptible como un pequeño factor disruptivo a lo largo del día puede tomar dimensiones completamente diferentes al meditar.

Así que: ¡La ropa cómoda es imprescindible! También debe coincidir con la temperatura. Especialmente cuando meditas al aire libre, debes vestirte lo suficientemente abrigado. Puede hacer frío si no te mueves por un tiempo. Aunque sudar bajo el sol abrasador tampoco ayuda, eso requiere un lugar a la sombra o un atuendo particularmente ventilado.

3.   Encuentra tu postura de meditación

La postura clásica a la hora de meditar es la posición del loto, una especie de posición con las piernas cruzadas. También puedes sentarte en una silla o usar un cojín de meditación. Incluso puedes meditar acostado, si no te duermes de inmediato.

Si estás sentado o arrodillado, asegúrate de que tu espalda esté recta y erguida. Al principio puede llevar un tiempo acostumbrarse, ¡pero eso desaparecerá!

4.   Las distracciones son tabú.

Evita las perturbaciones que interrumpan tu meditación. Apaga tu teléfono o, si estás usando una aplicación, silencia las llamadas y las notificaciones. Hazle saber a tus familiares, amigos o compañeros de cuarto que no quieres que te molesten.

5.   Comienza con sesiones cortas de meditación

Las horas de meditación generalmente no son posibles para ti como principiante. Y si lo son, son bastante incómodas. Pero ni siquiera son necesarias.

Limítate a cinco a diez minutos al principio. Si usas una aplicación o un video, el tiempo resulta de ello. Si meditas sin guía, tiene sentido configurar un temporizador. Él señala el final.

6.   Medita regularmente

La regularidad es un factor importante en la meditación. No tienes que pasar por largas sesiones para sentir un efecto. Sin embargo, si meditas todos los días o dos, rápidamente descubrirás que puedes relajarte más fácilmente y más profundamente. Continuidad es la palabra clave, y: clase en lugar de cantidad.

7.   Deja los pensamientos a un lado

El objetivo de la meditación es calmar tus pensamientos. Eso suena maravillosamente relajante, pero es cualquier cosa menos fácil, especialmente al principio. Durante las primeras sesiones, probablemente te encuentres revisando la lista de compras nuevamente o pensando en tu lista de empaque para la mochila.

Pero no te preocupes: ¡esto es completamente normal! Si surgen pensamientos en tu cabeza, déjalos a un lado y vuelve a tu práctica. Lo que parece una hazaña de fuerza al principio se volverá cada vez más fácil para ti con el tiempo.

8.   No dejes que te vuelva loco

Aquellos que meditan no hacen nada, al menos en la superficie. Para la mayoría de las personas, no hacer nada es extremadamente inusual y, a menudo, incluso se asocia con una conciencia culpable. Así que no te sorprendas si tu cuerpo y tu mente inicialmente se resisten a tu plan de quedarte quieto y simplemente no hacer nada, e idealmente tampoco pensar en nada.

Solo resiste el impulso de levantarte y doblar la ropa. ¿Quizás te den frío los pies o te duela la espalda cuando te sientas derecho? ¿De repente te resulta tonto sentarte y meditar? ¡Ignóralo y aguanta! Las reacciones de defensa se vuelven más débiles con el tiempo. Y sentirás los efectos positivos de los ejercicios de atención plena.

9.   Después de la meditación: no te apresures

Después de sentarte con los ojos cerrados por un rato y concentrarte en tu ser interior, debes tomarte tu tiempo para volver a la vida cotidiana.

No saltes ni comiences a trabajar u organizarse de inmediato, solo tóate unos minutos. Mira por la ventana, bebe un vaso de agua, estira tu cuerpo y luego vuelve a la realidad fortalecido.

10.   No esperes demasiado

Las expectativas excesivas son enemigas de la relajación. Aunque los primeros ejercicios parezcan sencillos, soltar los pensamientos no es fácil. Estamos demasiado anclados en una sociedad donde quedarse quieto no es algo bueno.

Hacer una pausa es difícil para la mayoría de nosotros. Sin embargo, cada práctica de atención plena te ayudará. Con el tiempo te irás calmando y te resultará más fácil desconectarte. Y en algún momento, incluso en medio del ajetreo y el bullicio, no puedes salir de tu calma. Pero la práctica y la regularidad son esenciales.

Capítulo 6
Qué aconsejan los biohackers

He estado biohackeando durante aproximadamente 5 años, lo que significa estudiar de cerca la dieta y el estilo de vida, y descubrir qué hacen las personas más exitosas y equilibradas para aumentar sus niveles de energía. Todos sabemos que tener suficiente energía es fundamental si queremos mejorar nuestra productividad, rendimiento y felicidad.

Los siguientes diez consejos me han funcionado bien, pero considere consultar primero a un dietista o médico. Además, no tiene que probar todos estos biohacking; tal vez deberá probar algunos al principio para ver si tiene más energía:

Comidas pequeñas: en lugar de comer 3 comidas grandes al día, coma 5 comidas pequeñas porque su sistema digestivo no lo cansará si come menos (trate de comer vegetales verdes en cada comida). Al comer comidas pequeñas y frecuentes, será más productivo y concentrado, de modo que su sistema digestivo no use la mayor parte de la energía que necesita para digerir comidas grandes.

Jugo: Haga 7 latas o envases de jugo todos los domingos durante una semana. En estos 7 contenedores, ponga todo lo que crea que es bueno para usted. Lleve 5 recipientes al trabajo para que se transformes en su comida. Los otros dos déjelos en su casa para consumo de fin de semana.

Agua de coco: En el gimnasio tome agua de coco porque le dará una energía increíble. Haga ejercicio durante al menos una hora todos los días alrededor de las 4 p.m. Comience con 60 minutos en la elíptica porque trabaja todos los grupos musculares mientras lee correos electrónicos y otros artículos en el iPad (debido a la mayor ingesta de oxígeno).

Llenar el vacío vitamínico: todos tenemos deficiencia de ciertas vitaminas, y no sabemos exactamente cuáles. Así que puede probar con un paquete diario de multivitaminas para llenar todas sus deficiencias vitamínicas.

Hidratar: Beba 8 vasos de agua al día y agréguele limón al agua. Beber un vaso de agua antes la comida puede suprimir el apetito. No importa dónde esté (especialmente durante su viaje), asegúrese de llevar algunas botellas de agua con usted. El solo hecho de beber agua helada hace que pierda calorías, ya que su cuerpo debe calentarla para absorverla.

Trate de limitar los carbohidratos complejos, lo que significa limitar el pan, el arroz o los productos a base de maíz, ya que se convierten en grasa rápidamente. Aquí hay un buen consejo: reste siempre la cantidad de fibra de los carbohidratos totales, ya que su sistema digestivo pensará que los carbohidratos totales son más bajos de lo que realmente son.

Sueño: esto es muy importante porque no solo retrasa el envejecimiento, sino que también mejora nuestra productividad, enfoque, bienestar y muchos otros beneficios. Trate de dormir de 7 a 8 horas en todo momento, sin excepción. 7-8 horas es solo alrededor del 30% del día. ¿Imagine lo que le pasaría a nuestro auto si lo usáramos el 70% del tiempo todos los días?

Por supuesto, es posible que nos quedemos sin gasolina y tengamos que arreglarlo más a menudo. El 30% de los días de descanso son obligatorios para nosotros. Mucha gente dirá: no tengo tiempo para dormir porque tengo demasiado trabajo o estudios o algo así. Humildemente no estoy de acuerdo. ¿Por qué? Porque realmente creo que una hora de aumento de productividad de 7 a 8 horas de sueño es al menos 5 veces más productiva que una hora de productividad de 3 a 4 horas de sueño. Invierta en usted mismo durmiendo de 7 a 8 horas al día, ya que no solo mejorará su calidad de vida, sino que también la prolongará.

Todos somos diferentes, así que encuentre la combinación correcta de realizar esos aportes a su salud, hasta que sienta que tiene más energía, se concentra y es más productivo que cualquier persona que conozca. También será más feliz si descubre qué biohacking es mejor para usted.

Parece haber poco espacio en la sociedad para la normalidad y la naturalidad. No solo desde Instagram, cada vez más personas están haciendo grandes esfuerzos para mejorar y optimizarse: quieren ser más delgadas, más poderosas o más inteligentes y, por lo tanto, más jóvenes y exitosas.

Los biohackers incluso van un paso más allá. No solo quieren lucir más jóvenes y ser más productivos, sino que también quieren prolongar significativamente sus vidas a través de la auto-optimización. "Se trata de comprender mejor mi cuerpo e influir en mi biología", dice el ex atleta competitivo Max Gotzler, quien ayudó a popularizar la tendencia.

"Vivir de forma más natural en un entorno antinatural"

La evolución nos ha dado las herramientas para esto: frío y luz, sueño, ejercicio y nutrición". Para los principiantes al biohackers, podemos citar siete consejos para hacer pequeños cambios que puede usar para "hackear" su cuerpo.

1.   Baños fríos

A los biohackers les gusta aplicar electroshocks en sus cuerpos. Por ejemplo, en el baño por la mañana cuando se duchanu con agua fría hasta por cinco minutos. O visitan cámaras frigoríficas especiales que se enfrían a menos 180 grados centígrados. Para muchos, bañarse en hielo es una bendición. Porque los estímulos de frío externo reducen la inflamación, estimulan el metabolismo y son un refuerzo para el sistema inmunológico. Además, se produce la llamada "termogénesis por frío", que en realidad solo ocurre hoy en día en animales y plantas: el frío oxida el tejido graso y te calientas de forma natural.

2. Café con mantequilla

Café mezclado con un poco de mantequilla y aceite MCT: lo que suena como un poco de acostumbramiento es la bebida de desayuno por excelencia en la escena del biohacking. El aceite MCT se extrae de los cocos y consiste en ácidos grasos de cadena media. Su ventaja: en lugar de glucosa, que normalmente se forma como fuente de energía a partir del panecillo matutino con mermelada (azúcar y carbohidratos), el cuerpo la convierte en los llamados cuerpos cetónicos. Estos también proporcionan energía para el día, pero sin tener un impacto en los niveles de lípidos en sangre, azúcar en sangre y niveles de colesterol.

3. Ayuno

Después del café con mantequilla, la cocina del biohackers Max Gotzler inicialmente permanece fría. Varios días a la semana pasa 16 horas sin comer y limita su ingesta de alimentos a las 8 horas restantes. Desde un punto de vista evolutivo, nuestro cuerpo no está hecho para una alimentación constante, sino que necesita un descanso del procesamiento de los alimentos. Como demuestran los estudios, el organismo utiliza el ayuno para limpiarse: se eliminan toxinas y se renuevan las células, se "descalcifican" los vasos sanguíneos y se equilibran hormonas como la insulina. Parece contradecir el consejo de "dividir la comida en 5 partes durante el día" pero en la práctica, a ciertos organismos le resulta más positivo el ayuno que el otro modelo. Se debe probar y comprender cuál es el adecuado para cada uno.

4. Entrenamiento de alta intensidad

Cuando se trata de ejercicio, los biohackers no confían necesariamente en la carrera de 10 kilómetros. Muchos realizan entrenamiento de intervalos de alta intensidad (HIIT, por sus siglas en inglés), que consiste en varias series cortas de esfuerzo máximo (p. ej., 45 segundos de carrera seguida de flexiones) seguidas de recuperación activa (60 segundos de caminata rápida). "Es agotador, pero también muy efectivo", dice Gotzler. "El metabolismo se incrementa extremadamente y las calorías aún se queman mucho después del entrenamiento." Un estudio de Noruega muestra que esto tiene un efecto positivo incluso en la vejez. Según él, las personas mayores que realizan ejercicio HIIT tienen una tasa de mortalidad más baja que las que solo sudan moderadamente.

5. Optimización del sueño

El sueño es extremadamente importante para la regeneración. Es por eso que Max Gotzler se pone anteojos azules tan pronto como oscurece afuera. Éste, dotado de lentes de color naranja, filtra la alta componente azul de la luz artificial, que nos inunda, sobre todo al atardecer, y confunde el ritmo natural día-noche. Si la luz azul de las computadoras portátiles, los teléfonos inteligentes, los televisores o las lámparas LED llega a la retina, el cuerpo cree que todavía es pleno día e inhibe la producción de la hormona del sueño melatonina. El resultado: nos lleva una eternidad conciliar el sueño y nos resulta más difícil dormir toda la noche.

6. Automedición

Los biohackers quieren saber exactamente cómo funcionan sus cuerpos. Para ello, utilizan pulseras de fitness, relojes inteligentes y diversas aplicaciones para realizar un seguimiento de todo lo que funciona: frecuencia cardíaca y calidad del sueño, la cantidad de pasos dados y las calorías quemadas. La automedición es el futuro del cuidado de la salud. Quizás algún día se podrá compartir digitalmente los valores registrados, como los niveles de azúcar en la sangre o la presión arterial, con su médico o escanear su reloj inteligente primero cuando visite la práctica. De esta manera, los riesgos de enfermedades podrían identificarse mucho antes de que aparezcan los síntomas".

7. Alegría de vivir

No debe exagerar con la auto-optimización. Por supuesto, los biohackers están tratando de retrasar el envejecimiento y vivir vidas más saludables. Pero no debe degenerar en presión y estrés". Por lo tanto, el consejo quizás más importante es: no se olvide de disfrutar la vida. En otras palabras, visitar regiones del mundo en las que un número particularmente elevado de personas vive hasta los 100 años. "Disfrute de mucha luz natural, coma según la temporada, no se retire y viva en una comunidad fuerte: simplemente hace muchas cosas allí mismo, y mucho de eso también lo predica el movimiento de biohacking".

Consejos super fáciles

En principio, biohacking significa auto-optimización para mejorar su salud, rendimiento y bienestar. Muchos de los consejos de salud rápidos y fáciles sobre los que escribimos aquí se ajustan a esa definición.

Quiero motivarlo a que tome las riendas de su salud. Con la ayuda del biohacking, aprenderá a evaluar su cuerpo, observar en profundidad su propio sistema y descubrir qué engranajes puede utilizar para optimizar su salud.

Si ahora está interesado y desea integrar más el biohackeo en su vida, aquí hay 25 biohacks y herramientas para optimizar y monitorear su salud.

1. La radiación solar se puede utilizar de manera específica para activarse por la mañana o la alta proporción de luz roja en el sol de la tarde también puede mejorar la propia regeneración del cuerpo.

Como alternativa, se pueden utilizar lámparas UV, lámparas de luz roja o lámparas de luz diurna.

2. Ritmos binaurales: la música y los sonidos, como los pulsos binaurales, se pueden usar para diferentes propósitos a través de diferentes frecuencias. Las frecuencias de 14 a 38 Hz (beta), por ejemplo, aumentan la concentración a la hora de trabajar. Se pueden usar frecuencias de 3 a 8 Hz (theta) para la meditación.

3. El software f.lux filtra la luz azul de las pantallas para que no tenga que mantenerse despierto por la noche. Las PC y los teléfonos inteligentes más nuevos a menudo ofrecen esta función de fábrica. También se recomiendan gafas que bloqueen la luz azul, ya que también protegen contra la luz ambiental.

4. El agua filtrada o agua medicinal es la mejor para hidratar el cuerpo y revitalizar las células. El agua tiene una cierta estructura y lleva información ambiental que usted absorbe. Los filtros de ósmosis inversa con un elemento reestructurante son particularmente buenos, pero también se recomienda el agua medicinal del comercio.

5. Análisis de ADN: Nuestros genes codifican varios rasgos que determinan cómo respondemos a los alimentos y qué elecciones dietéticas son buenas para nosotros. La llamada dieta genética ofrece nutrición personalizada para su ADN y está destinada a facilitar la pérdida de peso y el desarrollo muscular. Las pruebas de ADN para el hogar pueden mostrarle qué macronutrientes (grasas, carbohidratos, proteínas) metaboliza su cuerpo y en qué proporción.

6. Los aceites esenciales tienen efectos inmediatos en nuestro organismo. Por ejemplo, se pueden distribuir en uno en la habitación. El aceite de limón o el aceite de romero mejoran la concentración, mientras que el aceite de incienso o el de orégano tienen un efecto limpiador y antibacteriano. El aceite de pino piñonero o de lavanda puede mejorar el sueño.

7. La termogénesis por frío se puede lograr, por ejemplo, tomando una ducha fría o un baño de hielo. El frío estimula el metabolismo, fortalece el sistema inmunológico y mejora la fuerza de voluntad y la concentración. Una ducha fría durante 2-3 minutos por la mañana es suficiente para muchos efectos.

8. Caja de respiración: Las técnicas de respiración sirven para activar o reducir el estrés. Una técnica simple es la respiración de caja. Un ciclo de respiración dura 16 segundos: 4 segundos inhalar, 4 segundos sostener, 4 segundos exhalar, 4 segundos sostener. Después de 5-10 minutos tendrá efectos notables en su bienestar.

9. Caminar descalzo fortalece los músculos del pie y puede relajar todo el cuerpo. El contacto de la piel con la superficie terrestre puede traer varios beneficios a través del efecto de puesta a tierra. La absorción de electrones libres puede actuar como antioxidante y el campo magnético terrestre tiene un efecto energizante y equilibrante.

10. El café Bulletproof consiste en café de alta calidad y se mezcla con una cucharada de mantequilla y aceite MCT en una licuadora. Las grasas de alta calidad y la cafeína le dan al cerebro mucha energía rápida y duradera (se puede usar después o durante el ayuno intermitente, o como merienda, por ejemplo).

11. Se puede usar chicle de nicotina con 2 mg de nicotina para aumentar la concentración. Los usos antes de exámenes o conferencias, por ejemplo. Las encías tienen un efecto intenso en el foco. No lo uses más de 1 vez por semana, de lo contrario el efecto será menor. No se preocupe, no son adictivos como los cigarrillos.

12. Los rastreadores de sueño lo ayudan a controlar la calidad del sueño. También puede ver cuándo y cuánto tiempo estuvo en qué fase de sueño. Puede usar la información para optimizar aún más su sueño y probar el éxito de otros biohacks.

13. Desintoxicación digital: Los muchos dispositivos electrónicos como teléfonos móviles, televisores y computadoras tienen un fuerte efecto de distracción sobre nosotros. El constante ruido de fondo nos distrae de nuestro interior. Incorpore regularmente tiempos sin pantallas en su vida cotidiana, por ejemplo, siempre 2 horas después del trabajo o después de las 8 p.m. También hay aplicaciones y software que pueden bloquear el acceso a sitios de redes sociales por un tiempo limitado.

14. El entrenamiento por intervalos de alta intensidad se puede utilizar para lograr un progreso rápido y eficaz. El entrenamiento Sprint o el entrenamiento Tabata (entrenamiento de 4 minutos) son buenas opciones para una mínima inversión de tiempo y el máximo éxito.

15. Tres cosas por las que estar agradecido: La gratitud tiene un efecto directo en su bienestar. Si escribe tres cosas cada noche por las que está agradecido, "hackeará" su propia psique a largo plazo y se volverá más feliz, más contento y adorable. El biohacking a veces no es tan complicado.

16. Medir los valores sanguíneos: además del azúcar en la sangre, los biohackers también miden regularmente todos los demás valores sanguíneos. En primer lugar, valores sanguíneos en los que el médico a menudo no piensa: vitamina D, vitamina B, magnesio, zinc, selenio, hormonas tiroideas, testosterona, hormonas del estrés, valores de inflamación.

17. Los nootrópicos son sustancias que pueden afectar positivamente el sistema nervioso. Pueden mejorar el estado de ánimo, aumentar la capacidad de aprendizaje o incluso proteger el cerebro del estrés. Estos incluyen, por ejemplo, extractos de plantas como gingko biloba, ashwagandha, brahmi, melena de león o cordyceps. Pero también se pueden incluir vitaminas, aminoácidos y minerales: vitamina D, vitaminas B, ácidos grasos omega-3, L-triptófano.

18. Los alimentos que son especialmente ricos en nutrientes, como las verduras, las nueces, las semillas, los brotes, las bayas, los huevos, la carne de animales alimentados con pasto de alta calidad, el caldo de huesos o las vísceras, inundan su cuerpo de aminoácidos, minerales y vitaminas. Incluirlos en su dieta tanto como sea posible.

19. Ser creativo es una necesidad humana básica. Dibujar, hacer música, bailar o jugar tiene un efecto inmediato en su psique. Incorpora elementos creativos en cada uno de sus días.

20. Sociedad inspiradora: construya vínculos fuertes para inspirar a las personas y rodéese de ellas regularmente. Las actividades sociales conjuntas y las conversaciones profundas pueden ser intoxicantes. Asegúrese de asociarse con personas positivas.

21. Wi-Fi y celular apagados. También se trata de minimizar las influencias dañinas. La radiación electromagnética está aumentando y alterando las frecuencias propias del cuerpo. El cuerpo debería poder regenerarse, especialmente por la noche, y se recomienda apagar todos los dispositivos electrónicos y fuentes de radiación. Otros consejos: cuando haga llamadas, puede usar un auricular con cable para no tener la fuente de radiación directamente en su oído. También puede reemplazar la WLAN con un cable LAN.

22. Una alfombra de puesta a tierra puede ayudarle a simular la superficie de la tierra en su hogar. La estera de puesta a tierra se conecta al enchufe de puesta a tierra del enchufe y, por lo tanto, entra en contacto con el campo magnético de la tierra. Los puede usar en el trabajo o como almohadilla para los pies cuando duerma.

23. Una esterilla de acupresión puede ayudarle a prevenir o reducir el dolor de espalda. Las muchas agujas pequeñas que imitan la acupuntura dan como resultado un fuerte aumento del flujo sanguíneo, que también tiene un efecto relajante en los músculos.

24. Paseos por espacios verdes: tienen efectos duraderos en el estado de ánimo y el bienestar. Permanecer en el bosque asegura que reduzcamos el estrés y liberemos sustancias mensajeras antiinflamatorias. El aire fresco aumenta la saturación de oxígeno y actúa como un refuerzo de energía.

25. Aprender algo nuevo: como dice el refrán, "El día que dejas de aprender es el día que mueres". Sea curioso, juguetón y aprenda algo nuevo todos los días. Esto asegura que siempre mantendrá su cerebro en movimiento y también se ajustará mentalmente a la vejez.

######

www.ingramcontent.com/pod-product-compliance
Lightning Source LLC
Chambersburg PA
CBHW061331120726
48001CB00002B/799